LE

CUISINIER ANGLAIS.

ENGLISH COOKERY-BOOK.

ENGLISH COOKERY-BOOK,

TRANSLATED INTO FRENCH,

WITH THE TITLE OF EACH ARTICLE
IN FRENCH AND ENGLISH;

CONTAINING,

BESIDES EVERY OTHER NECESSARY INFORMATION,

A GREAT NUMBER OF RECEIPTS FOR MAKING

PUDDINGS, DUMPLINGS, PIES, CAKES, PRESERVES, PICKLES, CATSUPS, SAUCES AND WINES.

A SEQUEL
OF THE TENTH EDITION OF THE ROYAL COOK.

PARIS,

SOLD BY J.-N. BARBA, BOOKSELLER,
Pigault-Lebrun Works' Editor,
PALAIS-ROYAL, DERRIÈRE LE THÉATRE FRANÇAIS, N°. 51.

1821.

LE
CUISINIER ANGLAIS,

TRADUIT EN FRANÇAIS,

AVEC LE TITRE DE CHAQUE RECETTE
EN FRANÇAIS ET EN ANGLAIS;

CONTENANT,

OUTRE LES ARTICLES QUI CONCERNENT LA CUISINE FRANÇAISE,

LA MANIÈRE DE FAIRE

TOUTES SORTES DE PUDDINGS, DUMPLINGS, PATÉS, GATEAUX, CONSERVES, MARINADES, CATSUPS, SAUCES, ET VINS DE FRUITS.

FAISANT SUITE

A LA 10me. ÉDITION DU CUISINIER ROYAL.

PARIS,

CHEZ J.-N. BARBA, LIBRAIRE,

Éditeur des OEuvres de Pigault-Lebrun,

PALAIS-ROYAL, DERRIÈRE LE THÉATRE FRANÇAIS, N°. 51.

1821.

LE
CUISINIER ANGLAIS,

TRADUIT EN FRANÇAIS.

CHAPITRE PREMIER.
MANIÈRE
DE FAIRE TOUTES SORTES DE BOUILLONS,
JUS ET SOUPES.
(BROTHS, GRAVIES, AND SOUPS.)

Bouillon de santé.

(A proper broth.)

Prenez du mouton ou du bœuf, maigre et succulent, ou de la volaille succulente, et mettez dans de l'eau froide ou tiède, dans la proportion d'environ trois chopines d'eau pour une livre de viande ; laissez bouillir à petit feu, mais une fois l'ébullition commencée, maintenez-la à gros bouillons. Lorsqu'elle commence, ôtez le couvercle pour faire évaporer les fumées et les parties grossières de la viande. Ajoutez-y du sel, et si vous voulez, du riz, ou de l'orge perlé. Si vous vous servez de farine de riz ou de gruau, il ne faut pas les mettre sitôt, et il faut les mêler auparavant avec un peu de bouillon. Si vous y ajoutez des légumes que vous aurez fait cuire séparément, il faut les y mettre peu d'instans avant de servir. Il faut proportionner le temps de la cuisson à la quantité : une heure et demie d'ébullition suffira pour quatre litres de bouillon.

Bouillon au riz ou à l'orge perlé.
(Rice or barley broth.)

Mettez un quarteron de riz ou d'orge perlé dans quatre ou cinq pintes d'eau, laissez étuver jusqu'à ce qu'il soit tendre, puis mettez-y un jarret de veau, ou le bout saigneux d'un collet de mouton, avec deux ou trois livres de tranche de bœuf. Faites étuver très-doucement, pendant deux heures, puis mettez-y des navets, des carottes, du céleri, des poireaux, ou tout autre genre de légumes ; faites étuver toujours doucement, et lorsque la cuisson est opérée, assaisonnez de sel, et servez.

Bouillon de mouton.
(Mutton broth.)

Coupez un morceau du meilleur bout d'un collet de mouton, coupez-en le reste en tranches, et mettez le tout dans un pot, avec trois pintes d'eau, des navets, des carottes, du céleri, des ognons et des poireaux, le tout coupé menu, et un bouquet de fines herbes. Aussitôt qu'il bout, écumez-le, et lorsque le gros morceau est presque cuit, sortez-le. Faites étuver le reste jusqu'à ce que le jus soit tiré de la viande, puis passez le jus au tamis, et écumez-le. Ajoutez-y un peu de navets et de carottes coupés en petits morceaux, des poireaux, du céleri et du persil, coupés menu, et quelques brins de fleurs de souci, le gros morceau de mouton, un peu de farine de riz, et du sel. Faites mijoter le tout jusqu'à parfaite cuisson, puis servez avec des tranches de pain rôti.

Bouillon de veau.
(Veal broth.)

Mettez quatre ou cinq pintes d'eau pour un jarret de veau, avec un gros de macis, et un peu de sel; faites étuver jusqu'à ce que la viande soit parfaitement cuite. Vous pouvez y ajouter du vermicelle, mais peu de temps avant de servir, afin de ne lui donner que le temps nécessaire pour cuire.

Bouillon de poulet.
(Chicken broth.)

Coupez en morceaux deux ou trois poulets assez gros, et troussez-en un autre comme pour le faire cuire à l'eau, mettez le tout dans un pot, avec de l'eau, et laissez bouillir doucement jusqu'à ce que le poulet entier soit assez cuit; puis sortez-le, et faites étuver le reste, jusqu'à ce qu'il soit très-cuit. Passez le bouillon au gros tamis, et mettez-le dans une terrine avec des cives et du persil hachés, quelques jeunes carottes coupées menu, un litron de petits pois, ou deux laitues pommées coupées menu; mettez sur le feu jusqu'à ce que les légumes soient tendres, puis mettez-y le poulet entier, et aussitôt qu'il est bien chauffé, ajoutez un assaisonnement de poivre et de sel, et servez.

Bouillon salmigondis.
(A hodge podge broth.)

Prenez les bouts saigneux d'un collet de mouton et d'un collet de veau, un morceau de jarret de bœuf, et un jarret de porc, ou un jambon; faites étuver dans de l'eau pendant une heure et demie, puis ajoutez-y des pommes-de-terre, des navets, des panais, des carottes, des poireaux, des ognons, du céleri, un bouquet de fines herbes, ou d'autres légumes à votre volonté; laissez étuver le tout jusqu'à ce que les légumes puissent s'écraser et passer au tamis; passez le bouillon et les légumes, mettez tout cela ensemble, avec de nouveaux légumes coupés menu, et du gruau ou de la farine de riz, pour lui donner une bonne consistance; faites étuver jusqu'à ce que les nouveaux légumes soient tendres, assaisonnez de poivre et de sel, et servez avec du pain frit, coupé en petits morceaux carrés.

Jus simple pour le gibier, la volaille, etc.
(To draw a plain gravy for game, poultry, etc.)

A une livre de tranche de bœuf, que vous aurez entaillée et enfarinée, mettez assez d'eau pour en faire une chopine de jus; laissez étuver très-doucement jusqu'à ce qu'elle soit bien cuite. Environ une demi-heure avant de l'ôter du feu, mettez-y une croûte de pain. Lorsqu'il est cuit, passez le jus au tamis, dégraissez-le, épaississez-le de beurre enfariné, et assaisonnez de poivre et de sel. Vous pouvez y ajouter à volonté un ognon et quelques fines herbes.

Un autre jus.
(Another gravy.)

Pour deux livres de tranche de bœuf bien entaillée avec un couteau affilé , prenez deux ognons et deux carottes, tous d'une bonne grosseur; mettez le tout dans une terrine, sans eau, et faites étuver à feu doux, jusqu'à ce que le jus soit entièrement tiré de la viande; ajoutez-y une pinte d'eau bouillante, et remettez sur le feu étuver pendant trois heures; passez le jus. Il ne faut pas le dégraisser jusqu'à ce que vous vous en serviez.

Un autre jus.
(Another gravy.)

Coupez un morceau de tranche de bœuf en tranches minces, et faites frire dans une terrine jusqu'à ce qu'il soit roussi, avec un ou deux ognons , et une tranche de jambon maigre; versez-y un poisson de bon bouillon ; puis retirez tout le jus de la terrine, mais laissez-y la viande; ajoutez-y du bouillon, un ou deux anchois, un bouquet de fines herbes, de l'assaisonnement, et, si vous voulez, un peu de bon vin. Faites bien étuver, passez le jus, mêlez-le avec le premier.

Jus blanc.
(White gravy.)

Faites-bouillir une livre et demie de jarret, ou de bout saigneux d'un collet de veau, dans une pinte d'eau , avec un petit ognon, un bouquet de fines herbes, un gros de macis, un peu de gros poivre et de sel , pendant une heure ; passez le jus.

Jus pour la volaille.
(Gravy for poultry.)

Prenez une livre de tranche de bœuf, et entaillez-le
en plusieurs endroits; enfarinez-le bien, et mettez-le
dans une terrine, avec un assez gros morceau de beurre
déjà fondu ; faites frire le bœuf, en le retournant dans
tous les sens, de sorte qu'il soit roussi partout. Puis
mettez-y trois chopines d'eau bouillante, un peu de
gros poivre, deux ou trois clous de girofle, un bouquet
de fines herbes, et un assez gros morceau de croûte de
pain. Fermez hermétiquement, et laissez bouillir jusqu'à ce que le jus soit réduit à la valeur d'une chopine.
Passez-le et mettez-y du sel. Epaississez-le, s'il le faut,
avec un peu de farine et de beurre.

Jus de foie pour un dindon ou une volaille.
(Liver gravy for a turkey or fowl.)

Faites bouillir le cou, le cœur, le foie et le gésier
d'un dindon dans les trois quarts d'une chopine d'eau,
ou ceux d'une volaille dans un demi-setier d'eau,
avec un peu de thym et de sariette, et un petit morceau de pain bien rôti. Lorsque le foie est cuit, sortez-le,
et laissez étuver le reste jusqu'à ce qu'il soit réduit à
moitié. Passez-le, mettez-y une cuillerée de *catsup* de
champignons, et le foie, que vous aurez broyé dans un
mortier de marbre. Lorsque vous y aurez bien mêlé ces
ingrédiens, passez-le de nouveau, ajoutez-y un petit
morceau de beurre enfariné, et laissez mijoter pendant
quelque temps. S'il est trop épais, ajoutez-y un peu d'eau
bouillante, et laissez mijoter encore quelques minutes.

Essence de jambon.
(Essence of ham.)

Coupez le maigre d'un jambon en tranches, battez-les bien, et couchez-les dans une terrine avec des carottes, des panais et des ognons coupés en tranches. Couvrez la terrine, mettez-la sur un petit feu jusqu'à ce que le jambon commence à se coller à la terrine. Saupoudrez-le d'un peu de farine, retournez-le, et humectez-le avec un peu de jus de veau. Ajoutez-y un ou deux poireaux, un peu de persil, des champignons et des truffes, trois ou quatre clous de girofle, et de la mie de pain émiettée. Faites étuver très-doucement pendant trois quarts d'heure S'il paraît devenir trop sec, ajoutez-y un peu de bouillon pendant la cuisson. Passez-le.

Mélange pour remplacer le jus.
(A substitute for gravy.)

Mêlez ensemble un demi-setier d'eau, autant de bière, une cuillerée de *catsup* de champignons ou de noix, un ognon coupé en tranches minces, un ou deux clous de girofle, trois ou quatre grains de poivre entier, et un peu de sel. Faites fondre un morceau de beurre gros comme un œuf dans un poêlon ; lorsqu'il est chaud, saupoudrez-le de farine, et remuez-le jusqu'à ce qu'il soit d'un roux-blond. Ajoutez-y le mélange, faites bouillir, et si vous voulez, mettez-y une très-petite quantité d'essence d'anchois.

Jus de poisson.
(Fish gravy.)

Prenez autant de raie, ou autant de petites anguilles ou de carrelet qu'il en faut pour la quantité de jus que vous

voulez faire, coupez-les en morceaux, mettez-les dans
une casserole avec assez d'eau pour les couvrir ; ajoutez-
y des fines herbes, un peu de poivre entier et de macis,
un morceau d'écorce de citron, et une très-petite quantité de raifort. Faites étuver jusqu'à ce que tout le jus
soit tiré du poisson, et lorsqu'il est environ moitié cuit,
mettez-y une croûte de pain bien rôtie. Passez et épaississez le jus avec de la farine et un morceau de beurre,
et donnez-lui un bon goût d'essence d'anchois, ou faites-
y étuver deux anchois.

Servez ce jus avec du poisson, soit comme une sauce
seule, soit pour mêler sur les assiettes avec une sauce
blanche.

Jus roux pour les soupes.
(Brown gravy for soups.)

Prenez autant de tranche de bœuf qu'il vous en faut,
coupez-la en petits morceaux, et mettez-la dans une terrine avec assez d'eau pour la couvrir. Mettez cela sur le
feu, et lorsqu'il bout, écumez bien. Ajoutez-y des poireaux, des ognons, des navets, des carottes, des panais,
du céleri, et un bouquet de persil et de thym. Laissez
bouillir jusqu'à ce que tout le jus soit tiré de la viande,
jetez-y du sel, retenez sur le feu encore quelques minutes, puis passez à travers un tamis fin. Il ne faut le
dégraisser que quand vous voudrez vous en servir.

Jus blanc pour les soupes.
(White gravy for soups.)

Prenez quelques tranches minces de jambon maigre,
un jarret de veau coupé en morceaux, des navets, des
panais, des poireaux, des ognons et du céleri ; mettez le

tout dans une terrine avec deux pintes d'eau, et laissez étuver jusqu'à ce que la viande soit presque tendre, sans cependant la laisser roussir; puis ajoutez moitié autant de jus clair de bœuf, et faites bouillir pendant une heure en le dégraissant bien. Passez-le.

Manière de clarifier le jus pour les soupes, quand il le faut.
(To clear gravy for soups, when required.)

Battez bien deux œufs avec leurs coquilles, mêlez-les avec le jus, et laissez bouillir très-doucement pendant un quart d'heure. Passez à travers un tamis fin.

Jus pour les blanquettes.
(Gravy for white dishes.)

Prenez une livre de veau maigre, coupez-le en tranches épaisses, mettez-le dans une terrine avec des champignons, deux navets, deux ognons, un pied de céleri, un ou deux gros de macis, un peu de poivre blanc, et un petit morceau d'écorce de citron. Ajoutez-y de l'eau suffisamment pour en faire environ une chopine de jus, et laissez étuver jusqu'à ce que tout le jus soit tiré de la viande. Passez-le.

Un bon jus pour les soupes.
(Approved gravy for soups.)

Prenez de la bonne tranche de bœuf, ou le maigre d'un collet, d'un aloyau, ou la partie charnue d'un gigot de mouton, ou de la volaille qui ait atteint sa maturité, dans la proportion d'une livre de bœuf pour une pinte d'eau, mais d'un peu moins de mouton ou de volaille. Coupez la viande en morceaux, et laissez étuver très-doucement jusqu'à ce que le jus pur soit bien tiré de la viande, sans cependant le tirer jusqu'à extinction. Le temps de la cuisson sera plus ou moins long suivant la grosseur de la viande. La cuisson opérée, passez le jus à travers un tamis de crin dans un vase, et laissez rafraîchir. Dégraissez-le, et transvasez-le de manière à le séparer du dépôt qui se trouvera au fond.

SOUPES.
(*SOUPS.*)

Vous pouvez vous servir du jus ci-dessus comme une soupe au jus, avec un assaisonnement médiocre de poivre noir ou rouge, un peu plus de sel, s'il en faut, et un ou deux petits pains;

Ou bien avec des légumes à votre choix, étuvés séparément avec très-peu d'eau, et un morceau de beurre enfariné, en les ajoutant à la soupe au moment de servir : vous les écraserez dans un tamis, ou non, à votre volonté. S'ils ne doivent pas être passés, il faut les couper menu avant de les faire cuire;

Ou bien avec des pois secs entiers, en les faisant cuire et écraser comme dans l'article précédent. Mettez les-y au moment de servir;

Ou bien encore avec du riz, de l'orge, du vermicelle, ou du macaroni, étuvés dans de l'eau, ou de l'eau et du lait, jusqu'à ce qu'ils soient tendres. Egoutez, et jetez dans le jus au moment de servir.

Vous pouvez servir le jus de volaille en y ajoutant des jaunes d'œufs et de la crème, dix minutes avant de servir. Ayez soin de ne laisser que mijoter, pour que les œufs ne se caillent pas. Vous y mettrez un ou deux petits pains.

Dans toutes ces soupes vous pouvez mettre un assaisonnement médiocre, comme il est dit ci-dessus.

Vous pouvez vous servir de jus de lièvre, de perdrix ou de faisan, extrait comme il est dit ci-dessus, en y ajoutant les légumes, etc., ci-dessus mentionnés. Il ne faut pas y mêler aucun autre jus : c'est une soupe très-délicate.

Soupe façon à la tortue.
(A mock turtle soup.)

Prenez une tête de veau avec sa peau, faites-la bouillir pendant une demi-heure, et avant qu'elle soit refroidie, coupez-la en petits morceaux carrés; mettez-les dans une terrine avec du bouillon fort, fait de six livres de tranche de bœuf, un jarret de veau, des navets, des carottes, des ognons et du céleri. Après avoir fait étuver pendant quelque temps, ajoutez-y un bouquet de fines herbes, quelques feuilles de sauge, une ou deux tranches minces de jambon maigre, ou quatre anchois. Faites bouillir le tout ensemble jusqu'à ce que la tête devienne tendre, puis passez à traver un tamis fin. Assaisonnez la soupe de sel, de poivre blanc et rouge, de bon vin blanc, et de jus de citron, et épaississez-la de farine. Mettez-y une partie de la tête, bien essuyée, et des boulettes d'œufs.

Faites bien bouillir pendant quelques minutes, et servez.

Soupe au lièvre.
(A hare soup.)

Prenez un gros lièvre, lavez et coupez-le par morceaux; mettez de côté deux ou trois des meilleurs morceaux du dos, et la partie charnue des cuisses. Mettez le reste dans un pot avec un jarret de veau, un bouquet de fines herbes, du sel, et cinq pintes d'eau ; faites étuver tout cela pendant trois ou quatre heures, puis passez le jus. Mettez-le dans une terrine avec les morceaux du lièvre que vous aviez mis de côté, et faites étuver doucement jusqu'à parfaite cuisson. Epaississez de farine et de beurre, ajoutez-y des boulettes, et encore, au moment de servir, un demi-setier de bon vin rouge ou blanc.

Si vous le préférez, faites frire dans du beurre les morceaux que vous devez servir, seulement jusqu'à ce qu'ils commencent à roussir, avant de les mettre étuver dans le jus.

Soupe aux carottes.
(A carrot soup.)

Faites étuver un jarret de bœuf avec du céleri, des ognons, des panais, un peu de thym et de persil, du sel, et cinq pintes d'eau, pendant quatre ou cinq heures, puis passez à travers un tamis de crin, et laissez reposer le tout jusqu'à ce qu'il soit refroidi. Faites cuire à l'eau des carottes, ratissez-les, et écrasez-les dans un tamis. Dégraissez la soupe, mettez-la dans une terrine, ajoutez-y la purée, et un peu de riz ou de vermicelle, que vous aurez fait bien étuver dans de l'eau ; assaisonnez à votre goût, de sel, et de poivre de Cayenne ; faites bouillir pendant quelques minutes, et servez.

Soupe au macaroni.
(Macaroni soup.)

Coupez quatre ognons par tranches, mettez-les dans une terrine avec un morceau de beurre et très peu-d'eau. Retenez-les sur le feu jusqu'à ce qu'ils soient un peu

roussis, en ayant bien soin qu'ils ne brûlent pas ; ajoutez-
y du bon jus de bœuf ou de veau, suivant la quantité
de soupe qu'il vous faut, et quelques fines herbes.
Faites bouillir le tout, et passez à travers un gros
tamis ; rendez la soupe dans la terrine, assaisonnez de
sel et de poivre rouge, mettez-y du macaroni que vous
aurez d'abord fait étuver dans de l'eau et du lait, et
ensuite égoutter ; faites bouillir pendant une minute ou
deux, et servez.

Une soupe douce.
(A mild soup.)

Mettez trois pintes de bon bouillon dans une casserole avec deux pieds de céleri, quatre navets, deux
carottes, trois pommes-de-terre de grosseur moyenne,
une laitue, une tête de chicorée, du persil, et deux où
trois petits ognons. Faites étuver jusqu'à ce que les
légumes soient bien tendres, puis passez le bouillon ;
écrasez les légumes dans un tamis, et mettez la purée
dans la soupe. Ajoutez y quelques cuillerées de farine
de riz ; faites étuver encore pendant vingt à trente
minutes ; assaisonnez à votre goût, et servez. Vous
pouvez laisser un peu des légumes sans les écraser, et
les servir dans la soupe, à votre volonté.

Soupe aux asperges.
(Asparagus soup.)

Coupez un jarret de veau par petits morceaux, mettez-
le dans une casserole avec une chopine et demie de
pois secs entiers, trois ou quatre navets, deux laitues,
un ognon ou un poireau, un ou deux pieds de céleri, et
un petit morceau de jambon maigre. Ajoutez-y trois

pintes d'eau, et faites étuver le tout jusqu'à ce que tout le jus soit tiré de la viande, et que les pois soient bien tendres. Sortez la viande, passez la soupe, et écrasez les pois et les autres légumes dans un tamis. Mettez cette purée dans la soupe avec le vert d'une botte d'asperges coupé menu comme des petits pois, et de la menthe un peu hachée. Faites étuver jusqu'à ce que les asperges soient tendres, en ayant soin de ne pas laisser sur le feu assez long-temps pour que la couleur en soit gâtée; assaisonnez à votre goût. Si la soupe n'est pas assez épaisse, jetez-y un peu de farine que vous aurez bien mêlée avec de l'eau, ou une cuillerée ou deux de farine de riz, en même temps avec les asperges. Si vous voulez que la couleur en soit plus verte, ajoutez-y un peu de jus d'épinards, que vous aurez extrait en broyant quelques feuilles crues, et que vous aurez passé; mais il faut l'y mettre au moment de servir, et ne pas laisser la soupe sur le feu après l'y avoir mis.

Soupe de poulet.
(Chicken soup.)

Préparez quatre gros poulets, troussez-en un comme pour le faire cuire à l'eau. Coupez les autres par morceaux, et mettez-les dans une casserole avec de l'eau en quantité suffisante pour faire une bonne soupe. Faites étuver jusqu'à ce que tout le suc soit tiré des poulets, puis passez le bouillon au tamis, et mettez-le dans la casserole avec quelques jeunes carottes coupées menu, du persil, des ciboulettes, et des ognons hachés, une chopine et demie de petits pois, et le poulet entier. Faites bouillir jusqu'à ce que le poulet soit cuit, assaisonnez à votre goût, puis servez la soupe avec le poulet dedans.

Vous pouvez faire étuver les cous, les foies et les gésiers dans le bouillon, mais pas les pates, à cause qu'elles sont grossières et glutineuses.

Soupe aux amandes.
(Veal soup with almonds.)

Pour six pintes d'eau, prenez une grosse volaille coupée par morceaux, une ou deux tranches de jambon maigre, un jarret de veau coupé par morceaux plutôt petits que gros, un panais, deux ou trois ognons, deux ou trois pieds de céleri ; deux navets, et un bouquet de de fines herbes. Faites étuver jusqu'à ce que tout le jus soit tiré de la viande, puis ajoutez-y deux anchois, et faites encore étuver jusqu'à ce que la viande soit en charpie. Passez le bouillon dans un vase, et laissez reposer jusqu'au lendemain. Faites blanchir une demi-livre d'amandes douces, broyez-les dans un mortier de marbre, en y ajoutant à mesure très-peu d'eau, jusqu'à ce qu'elles soient bien écrasées. Dégraissez la soupe, versez-la dans une terrine, en ayant soin de ne pas y laisser entrer les effondrilles ; versez-y les amandes en remuant, faites-lui donner un bon bouillon, puis passez à travers un tamis fin. Ajoutez-y une chopine de crème où vous aurez mêlé un jaune d'œuf battu, et quelques cuillerées de riz que vous aurez fait cuire à l'eau. Chauffez pendant quelques minutes sur le feu, en ayant le plus grand soin de ne pas laissez cailler l'œuf.

Soupe au jus.
(A gravy soup.)

Faites étuver le bout saigneux d'un collet de mouton, quatre livres de tranches de bœuf, et trois ou quatre onces de jambon maigre dans trois pintes d'eau, jusqu'à ce que la viande ait rendu tout son suc; faites bouillir du céleri, des navets, des carottes, ou des panais, des ognons et du thym, dans une terrine avec de l'eau, et, lorsqu'ils sont assez tendres, pressez-les et ajoutez-en le jus au bouillon : passez le tout au tamis dans un vase et laissez-le reposer jusqu'au lendemain ; dégraissez la soupe, mettez-la dans une terrine avec un ou deux anchois pilés, du sel et des épices à votre goût ; servez avec un petit pain à café dedans.

Soupe grasse aux légumes.
(A vegetable and meat soup.)

Hachez deux laitues pommées, une poignée d'oseille, une poignée de feuilles de poirée blanche, trois pieds de céleri, deux ou trois poireaux, du persil et du cerfeuil ; coupez deux carottes par petits morceaux ; coupez par tranches deux ou trois concombres, suivant la grosseur, et coupez des asperges par morceaux, ou prenez à leur place des pois ; faites étuver le tout ensemble dans du jus jusqu'à ce qu'il soit bien tendre ; puis ajoutez-y du bon bouillon ou du jus suffisamment pour donner à la soupe une bonne consistance, et quelques croûtes de pain rassis ; faites bouillir le tout un peu ; assaisonnez à votre goût, et servez.

Soupe à la reine.

Prenez trois quarterons d'amandes douces ; faites-les blanchir et broyez-les très-fin dans un mortier de marbre, avec la partie blanche d'une volaille rôtie froide ; ajoutez-y la mie de quatre petits pains à café coupée par

tranches, puis versez-y, à travers un tamis, trois pintes
de bon jus de veau que vous aurez fait bouillir avec un
gros de macis; faites mijoter le tout ensemble pendant
un quart-d'heure, puis écrasez-le dans une passoire avec
une cuillère de bois; assaisonnez la soupe de sel à votre
goût; faites bouillir un peu; versez-y une demi-tasse de
crème, en remuant; mettez dedans les croûtes que vous
aurez enlevées aux petits pains, coupées par tranches,
et servez.

Soupe à la purée de pois.
(Peas soup.)

Prenez une chopine de gros pois avec des navets, des
carottes, des panais, du céleri, des ognons et des poireaux; coupez-les par tranches; mettez-les avec une
quantité suffisante d'eau dans une terrine, et faites étuver jusqu'à ce qu'ils soient tendres; écrasez-les dans un
tamis; ajoutez la purée à du bon jus de bœuf et de veau;
mais ne la rendez pas trop claire; faites bouillir un peu;
assaisonnez de poivre rouge et de sel, et servez avec du
pain frit coupé en petits morceaux carrés.

Vous pouvez ajouter en même temps, avec la purée,
des navets, des carottes, du céleri et des poireaux blan-
chis; le tout coupé menu.

Soupe au vermicelle.
(Vermicelli soup.)

Faites bouillir deux onces de vermicelle dans trois
pintes de jus de veau, puis écrasez dans un tamis; assaisonnez de sel; faites bouillir un peu et écumez bien;
battez quatre jaunes d'œufs; mêlez-les avec un demi-setier de crème; versez-les petit à petit dans la soupe, en

remuant; faites mijoter pendant quelques minutes, et servez : vous pouvez mettre de côté un peu du vermicelle pour servir dans la soupe, à votre volonté.

Soupe à l'oseille.
(Sorrel soup.)

Faites un bon jus avec une partie d'un jarret de veau et le bout saigneux d'un collet, ou le gros bout d'un aloyau de mouton; assaisonnez d'un bouquet de fines herbes, de poivre, de sel, et de deux ou trois clous de girofle : lorsque la viande a rendu tout son jus, passez et laissez-le reposer jusqu'à ce qu'il soit refroidi; dégraissez bien; mettez-le dans une terrine avec une jeune volaille proprement troussée, et placez sur un petit feu; lavez trois ou quatre grosses poignées d'oseille; hachez-la un peu; faites-la frire dans du beurre; mettez-la dans la soupe, et laissez étuver le tout jusqu'à ce que la volaille soit bien cuite; écumez très-bien, et servez avec la volaille dans la soupe.

Soupe aux pois.
(A green peas soup.)

Faites bouillir deux litrons de gros pois dans trois pintes de jus de veau ou de mouton jusqu'à ce qu'ils soient tendres; égouttez-les; écrasez-les dans un tamis de crin, et ajoutez la purée au jus où les pois ont bouilli; ayez tout prêt un litron de petits pois, deux têtes de laitue romaine coupée menu, quatre navets coupés par petits morceaux carrés, deux pieds de céleri et deux petits ognons hachés très-menu, que vous aurez fait étuver tout ensemble, avec cinq onces de beurre, jusqu'à ce qu'ils soient cuits aux trois quarts; jetez dans ce mélange une cuillerée de farine, en remuant, puis ajoutez-le au jus ; assaisonnez le tout de poivre, de sel et d'un ou deux morceaux de sucre, et faites bouillir pendant une demi-heure ; écumez-le bien ; donnez-y de de la couleur avec un peu d'épinards et de persil que vous aurez fait cuire à l'eau, et écrasez dans un tamis et servez.

Soupe aux abattis d'oie.
(Giblet soup.)

Faites un bon jus avec du bœuf, du mouton ou du veau, et des navets, des carottes, des panais, des poireaux et des fines herbes, en faisant étuver le tout jusqu'à ce que la viande ait rendu tout son jus. Passez-le, et pour chaque pinte de jus prenez un abattis d'oie très-bien épluché. Faites étuver ensemble jusqu'à ce que les abattis soient bien tendres, en y ajoutant, lorsqu'ils sont à moitié cuits, quelques carottes et quelques navets coupés en petits morceaux carrés, ou un litron de petits pois, ou une laitue coupée menu, suivant la saison. Assaisonnez de poivre rouge et de sel, et servez la soupe avec les abattis dedans.

Soupe au riz.
(Rice soup.)

Lavez et faites bouillir à demi deux onces de riz ; égouttez-le parfaitement, mettez-le dans cinq chopines de jus de veau, et faites étuver doucement jusqu'à ce que le riz soit bien tendre. Assaisonnez à votre goût de sel et de poivre, et servez.

Soupe aux perdrix.
(Partridge soup.)

Prenez autant de perdrix qu'il vous en faudra, coupez-en les cuisses avec l'épine du dos ; écorchez les poitrines et les ailes sans les séparer, enlevez-en ce qu'il peut s'y trouver de graisse , et mettez-les dans de l'eau froide pendant une demi-heure. Pilez la chair des parties qui restent, dans un mortier de marbre , avec deux anchois ; puis mettez la dans une terrine avec suffisamment de veau maigre pour faire un bon jus, en quantité proportionnée au nombre des perdrix, en y ajoutant tous les os d'où vous aurez enlevé la chair, un ognon piqué de trois ou quatre clous de girofle, du céleri et des navets coupés menu, la mie d'un petit pain à café rapée, et suffisamment d'eau. Faites étuver jusqu'à ce que les sucs soient entièrement tirés, tant de la viande que des légumes, puis passez et dégraissez. Mettez cette soupe dans une terrine avec le blanc de perdrix que vous aurez mis de côté , et faites étuver jusqu'à ce qu'il soit assez cuit. Épaississez dix minutes avant de servir avec de la farine mêlée dans un demi-setier de crème ; assaisonnez de sel et de poivre blanc , et servez.

Soupe aux poireaux , à l'écossaise.
(Scotch leek soup.)

Préparez une tête de mouton , soit en nettoyant très-proprement la peau, soit en l'enlevant ; fendez la tête en deux , ôtez-en la cervelle, et mettez-la dans une marmite avec une bonne quantité d'eau, une grande quantité de poireaux coupés menu, du poivre et du sel. Faites étuver à très-petit feu pendant trois heures. Mêlez bien dans de l'eau du gruau suffisamment pour donner à la soupe une assez bonne consistance ; versez le dans la soupe , faites étuver toujours jusqu'à ce que le tout soit bien cuit , et servez.

Soupe aux pommes-de-terre.
(Potatoe soup.)

Coupez une livre et demie de tranche de bœuf par tranches minces, hachez une livre de pommes-de-terre et un ou deux ognons, et mettez-les dans une marmite avec trois pintes d'eau, un demi-setier de gros pois et deux onces de riz. Faites étuver jusqu'à ce que la viande ait rendu tout son jus, passez la soupe, sortez le bœuf, et écrasez les autres ingrédiens dans un gros tamis. Ajoutez la purée à la soupe, avec deux ou trois pieds de céleri coupés par morceaux ; faites mijoter dans une casserole propre jusqu'à ce que le céleri soit tendre ; assaisonnez de poivre et de sel, et servez avec du pain frit coupé par morceaux.

Soupe de famille.
(A family soup.)

Lavez le gros bout d'une langue dans de l'eau froide où il y ait du sel, et mettez-le dans une casserole, avec le bout saigneux d'un collet de mouton ; d'autres morceaux tels que vous les aurez, des navets, des carottes, des ognons, des panais et un pied de céleri ; ajoutez de l'eau en quantité proportionnée à la viande ; laissez étuver très-doucement pendant quelques heures, jusqu'à ce que la viande ait rendu tout son suc. Passez, et laissez reposer la soupe jusqu'à ce qu'elle soit refroidie. Lorsque vous voulez vous en servir, dégraissez-la, mettez-y les glandes et les parties charnues de la langue, les carottes coupées par tranches, et ajoutez-y encore quelques carottes et quelques navets coupés menu, quelques cuillerées de riz ou de gruau bouilli à demi, du poivre et du sel. Faites étuver jusqu'à ce que les derniers légumes soient tendres, et servez avec du pain rôti.

Soupe blanche, à la marquise.
(The marquis's white soup.)

Prenez un gros jarret de veau, une grosse volaille, une tranche de jambon maigre, trois anchois, deux navets, un panais, deux pieds de céleri, quatre ognons, un bouquet de fines herbes, et un gros de macis. Faites étuver tout cela dans cinq pintes d'eau, jusqu'à ce que la viande ait rendu tout son jus, puis passez la soupe et laissez reposer jusqu'au lendemain. Versez une chopine de lait bouillant sur la mie d'un petit pain à café; faites blanchir six onces d'amandes douces, en les jetant à mesure dans de l'eau de rose; pilez-les très-fin dans un mortier de marbre, avec six jaunes d'œufs durs. Ajoutez cela au pain et au lait, en remuant; écrasez le tout dans un tamis, puis mettez-le dans la soupe, que vous aurez dégraissée, et faites chauffer sur un petit feu. Dix minutes avant de servir, assaisonnez de sel et de poivre rouge, versez-y un demi-setier de bonne crème, remuez la soupe jusqu'à ce qu'elle devienne d'une consistance convenable, puis servez avec un petit pain à café dedans. Mettez-y le pain cinq minutes avant de servir.

Soupe aux huîtres.
(Oyster soup.)

Préparez un bon jus de raie ou d'anguilles, ou de tout autre poisson, dans la proportion d'une livre de poisson pour une pinte d'eau, en faisant étuver jusqu'à

réduction de moitié ; passez-le. Prenez deux pintes d'huîtres, ébargez-les et broyez-en la partie dure dans un
mortier, avec douze jaunes d'œufs durs, en les humec-
tant pendant l'opération avec un peu du jus. Mettez sur
le feu autant de jus qu'il vous en faut, avec la partie
molle des huîtres, et un gros de macis. Lorsqu'il bout,
jetez-y les ingrédiens que vous avez broyés, en remuant ;
laissez bouillir jusqu'à une consistance moyenne , assaisonnez de poivre et de sel, et servez.

Autre manière.
(Another way.)

Préparez un jus avec des perches, des carrelets ou des
jeunes morues fraîches, et une anguille , dans la proportion d'une livre de poisson pour une pinte d'eau. Coupez le poisson par morceaux, et mettez-le dans la terrine
avec l'eau, un peu de persil, deux ognons, un ou deux
pieds de céleri, quelques fines herbes, un peu de macis ,
quelques clous de girofle, du poivre et du sel. Faites
étuver pendant environ deux heures , puis passez la
soupe, et mettez-la dans une casserole. Ayez tout prêt
une bonne quantité d'huîtres ébarbées, broyez-les, dans
un mortier de marbre avec huit jaunes d'œufs durs.
Ajoutez ce mélange à la soupe lorsqu'elle bout, avec du
poivre , du sel, et de la muscade râpée. Lorsqu'elle est
d'une bonne consistance, retirez-la du feu, et servez. On
se sert quelquefois de jus de veau au lieu de jus de
poisson.

Soupe aux homards.
(Lobster soup.)

Nettoyez très-proprement deux petites morues fraî-

ches, coupez-les par morceaux, et mettez-en un de côté
avec les foies. Mettez les autres morceaux dans une terrine, avec un bouquet de fines herbes, des navets, des
panais, du céleri, des ognons et trois pintes d'eau bouillante. Faites étuver jusqu'à ce que les légumes soient
bien tendres, passez la soupe, mettez-y la chair de quatre homards, d'environ une livre chacun, coupée par
morceaux. Faites des boulettes avec le morceau de poisson et les foies, des fines herbes, de la mie de pain, un
morceau de beurre, et trois ou quatre jaunes d'œufs.
Mettez-les dans la soupe, avec de l'essence d'anchois à
votre goût, du poivre et du sel. Faites mijoter le tout
pendant un quart d'heure, et servez.

Soupe à la raie.
(Skate soup.)

Faites un jus de raie ou de carrelets, dans la proportion d'une livre de poisson pour une pinte d'eau, en faisant cuire jusqu'à réduction de moitié. Puis ajoutez-y
des navets, des carottes, du céleri, des ognons, un peu
de persil, et un bouquet de fines herbes. Lorsque les légumes sont cuits, passez la soupe et épaississez-la avec
un morceau de beurre enfariné. Mettez-y une livre ou
davantage de raie, suivant la quantité de soupe; faites
bouillir jusqu'à ce que la raie soit cuite, assaisonnez de
poivre rouge et de sel, et servez.

Soupe aux écrevisses.
(Cray-fish soup.)

Faites cuire autant d'écrevisses qu'il vous en faudra
dans de l'eau, avec un peu de sel. Enlevez-en les queues,

retirez-en la chair, et mettez les écailles et le reste des poissons dans suffisamment du jus où ils ont bouilli, pour qu'ils soient un peu plus que couverts, et laissez étuver. Prenez une quantité suffisante de jus de poisson que vous aurez préparé comme pour la soupe aux huîtres ; lorsqu'il est chaud versez-y l'autre jus, épaississez de farine et de beurre, mettez-y du sel et du poivre rouge, un peu d'essence d'anchois et les queues des écrevisses. Faites-lui donner un bon bouillon, et servez.

Eau de souchi.
(Water souchy.)

Faites étuver deux ou trois petites perches, ou autant de carrelets, dans une pinte d'eau, avec un peu de persil et sa racine. Lorsqu'ils sont tendres, écrasez-les dans un tamis. Mettez dans ce jus autant de perches qu'il vous en faudra, avec encore du persil et sa racine, et du sel. Laissez bouillir jusqu'à ce que les poissons soient cuits, puis servez-les dans le jus, avec le persil et les racines dedans, et des tartines de beurre séparément.

Soupe aux poissons.
(A fish soup.)

Prenez quatre carrelets, une anguille d'une bonne grosseur, et une petite morue fraîche. Coupez-les par morceaux ; mettez-les dans une terrine avec du céleri, des navets, des panais, des ognons, et un bouquet de fines herbes ; ajoutez-y trois pintes d'eau, et faites étuver pendant deux heures. Passez le jus, mettez-y des langoustins et des chevrettes, dont vous aurez ôté les écailles ; deux ou trois cuillerées d'essence d'anchois, un morceau de beurre enfariné, du poivre et du sel, et quelques croûtes de petits pains. Faites mijoter le tout jusqu'à ce qu'il soit bien chaud, et servez.

Soupe aux harengs saurs.
(Red herring soup.)

Prenez de petites morues fraîches, de la raie ou des carrelets, ou tous les trois ensemble, de manière à ce que vous en ayez quatre livres en tout : ajoutez-y deux ou trois harengs saurs, suivant la grosseur, des navets, des poireaux, des carottes, un gros bouquet de persil, et quatre pintes d'eau. Faites étuver jusqu'à ce que le poisson ait rendu tout son suc, puis passez le jus, ajoutez-y de nouveaux morceaux de poisson, de l'espèce que vous voudrez ; un morceau de beurre enfariné, et un peu de poivre rouge et de sel. Laissez étuver le tout doucement jusqu'à ce que le poisson soit cuit, mettez-y du pain coupé par morceaux carrés, et servez.

Des huîtres sont bonnes dans cette soupe, au lieu de nouveaux morceaux de poisson.

CHAPITRE II.

MANIÈRE

DE FAIRE ROTIR LA GROSSE VIANDE, LA VOLAILLE, LE GIBIER, etc.

(*ROASTING JOINTS, POULTRY, GAME, etc.*)

Sı le cuisinier français veut faire un rôti vraiment à l'anglaise, les règles suivantes ne lui seront pas inutiles.

Il faut avoir un feu vif et clair, proportionné au morceau de viande que vous voulez servir.

Un rôti à l'anglaise ne se cuit autrement qu'à la broche ; si la viande est plus ou moins fermée, comme dans un four de campagne ou autrement, ce n'est plus un rôti.

Faites bien attention de mettre d'abord votre viande à quelque distance du feu, pour qu'elle puisse se chauffer graduellement ; autrement elle sera séchée et brûlée au dehors, long-temps avant qu'elle ne soit cuite en dedans. Il faut l'approcher du feu par degrés.

Il faut aussi avoir soin de bien arroser. Lorsque votre morceau ne rend pas assez de graisse pour suffire à son arrosement, servez-vous d'autre graisse de rôti, bien préparée ; elle vaut en général autant ou mieux que le beurre.

Il vaut mieux n'y semer du sel que vers la fin de la cuisson, car le sel contribue à faire couler le jus.

Lorque la cuisson est presque opérée, saupoudrez bien de farine.

Quand la viande est gelée, il faut la faire séjourner pendant quelque temps dans de l'eau froide pour dégeler, puis l'essuyer avec un linge propre.

TEMPS QU'IL FAUT POUR LA CUISSON DE LA GROSSE VIANDE.

(THE TIME REQUIRED FOR ROASTING.)

Le mouton.
(Mutton.)

Pour un gigot de huit livres, deux heures dix minutes;

Pour une épaule de sept livres, une heure trois quarts;

Pour une échine de dix ou onze livres, deux heures et demie;

Pour une longe, un peu plus d'une heure et demie;

Pour un collet, une heure et demie;

Pour une poitrine, une heure;

Une cuisse de mouton se cuit comme une cuisse de chevreuil; seulement, à proportion qu'elle est moins grosse, il lui faut moins de temps.

Le bœuf.
(Beef.)

Pour un aloyau de vingt-cinq à trente livres, quatre heures;

Pour une partie d'aloyau de douze à quinze livres,
deux heures trois quarts, ou trois heures ;

Pour un morceau des côtes d'environ le même poids,
à peu près le même temps : vous devez lier une feuille
de papier sur la partie la moins épaisse, pour empêcher
qu'elle ne brûle avant que l'autre partie soit assez cuite ;

Pour une culotte, quatre heures.

Le Veau.
(Veal.)

Pour une rouelle de douze à quatorze livres, trois
heures vingt minutes : on la farcit ordinairement dans
le vide qu'a laissé l'os lorsqu'on l'a ôté, ou sous le flanc,
dans le cas ou on ne l'a pas désossée ;

Pour une longe, deux heures et demie ;

Pour une épaule, deux heures vingt minutes ;

Pour un collet, près de deux heures ;

Le temps de la cuisson marqué ci-dessus suppose des
morceaux de grosseur moyenne ; s'ils sont très-gros, il
leur faut plus de temps. Le veau est rarement très-petit ;
mais quand cela arrive, il lui faut moins de temps.

Morceaux d'agneau d'une grosseur moyenne.
(Lamb, common sized joints.)

Pour un quartier, deux heures ;

Pour un gigot, une heure quarante minutes ;

Pour une épaule, une heure vingt minutes ;

Pour des côtes, une heure et demie ;

Pour un filet, une heure vingt minutes ;

Pour un collet, une heure dix minutes ;

Pour une poitrine, trois quarts d'heure ;

Le porc.
(Pork.)

Pour une cuisse il faut deux heures moins quelques minutes : incisez la peau en raie, soit avant de la mettre devant le feu, soit une demi-heure après : vous pouvez introduire par la jointure une farce de sauge et d'ognons hachés menu ; quelquefois on fait bouillir à demi une cuisse de porc, puis on en enlève la peau, et on fait rôtir la cuisse, en y semant de temps en temps de la sauge hachée très-menu, mêlée avec de la mie de pain émiettée, du poivre et du sel ;

Pour une longe de cinq livres, une heure vingt minuses : vous inciserez la peau comme il est dit pour la cuisse ;

Pour une côte de huit ou neuf livres, une heure trois quarts ;

Pour un filet de six ou sept livres, une heure et quart ;

Pour une échine, si elle est fendue par l'épine du dos, de sorte qu'il n'y en ait qu'un côté, deux heures ; si elle est entière, quatre.

Cochon de lait rôti.
(To roast a pig.)

Mettez dans le ventre une farce faite avec de la mie de pain émiettée, quelques feuilles de sauge et deux échalotes hachées menu, un peu de poivre et de sel ; et un morceau de beurre mêlé avec deux œufs, puis cousez-le : lorsqu'il est embroché, frottez-le avec un pinceau à soies douces trempé dans de l'huile d'olives et faites-le rôtir à petit feu : il lui faudra environ une heure et demie de cuisson : lorsqu'il est cuit, coupez la tête et fendez-la en long, ainsi que le corps; mettez la cervelle et la farce dans une casserole avec du bon jus; faites bouillir et servez le cochon avec cette sauce dessous; posez les deux parties de la tête aux deux côtés du plat, et les oreilles à chaque bout; prenez des raisins de Corinthe bien lavés, essuyés et séchés, et servez-les dans une saucière.

Cuisse de chevreuil rôtie.
(To roast a haunch of venison.)

Essuyez bien la cuisse partout, et enlevez la peau du côté de dessus; frottez la graisse avec un morceau de beurre, et saupoudrez d'un peu de farine. Enduisez bien de beurre une grande feuille de papier blanc couchez-la sur la graisse, et mettez-en encore deux ou trois feuilles dessus, puis liez-les bien avec de la ficelle. Embrochez votre cuisse, et mettez-la d'abord à une assez grande distance du feu, puis rapprochez-la peu à peu. Pour une grosse cuisse il faudra quatre heures. Ayez soin de la bien arroser. Environ dix minutes avant de l'ôter de devant le feu, coupez la ficelle et enlevez le papier, saupoudrez de sel et arrosez bien de beurre et de farine. Servez avec du jus dans une saucière, et de la gelée de groseilles fondue avec du vin rouge d'Espagne dans une autre, ou bien avec de la gelée de groseilles sans être fondue et sans vin.

Vous pouvez apprêter et servir une épaule ou un collet de chevreuil de la même manière. Pour une épaule, il faut deux heures et demie de cuisson, et pour un collet, deux heures moins quelques minutes.

Nota. L'usage assez fréquent d'envelopper d'une pâte le morceau de chevreuil le tient si fermé, pendant la cuisson, que les fumées de la viande ne peuvent pas bien s'évaporer. Du papier suffit pour contenir la graisse, et cependant ne tient pas la viande aussi fermée, de sorte qu'elle sera beaucoup plus fraîche et plus pure que quand elle est couverte d'une pâte, ce qui est à peu près de même que de la faire cuire au four.

Dindon rôti.
(To roast a turkey.)

Emplissez le jabot avec un morceau de mie de pain, ou avec une farce à votre volonté. Si le dindon est gros, il lui faudra une heure vingt-cinq minutes de cuisson; s'il est petit, une heure; et pour les grosseurs moyennes, en proportion. Servez avec un peu de jus dans le plat, encore dans une saucière, et de la sauce au pain dans une autre.

Pour arroser le dindon, et les oiseaux en général, la graisse de rôti sert aussi bien que le beurre; car si elle est bien préparée, elle ne donne point de goût désagréable. Vous devez saupoudrer de farine toutes espèces d'oiseaux, pour qu'ils soient d'une belle couleur; faites-le quelques minutes avant de les retirer du feu.

Volailles rôties.
(To roast fowls.)

Il faudra, pour un petit poulet, plus de vingt minutes : pour une poularde, une demi-heure, et si elle est grosse, trois-quarts d'heure. Servez comme il est dit pour le dindon, avec une sauce au jus et au pain, à moins que vous ne serviez des asperges avec des petits poulets : alors il ne faut pas de sauce au pain.

Oie rôtie.
(To roast a goose.)

Farcissez avec de la sauge et des ognons hachés. Une jeune oie demandera une heure, ou un peu plus, de cuisson. Si elle n'est pas jeune, il faut lui donner un peu plus de tems. Servez avec une sauce au jus et une aux pommes. Pour un oison, il ne faut pas plus de trois-quarts d'heure. On ne farcit pas toujours ce dernier. Servez avec de la sauce au jus ou aux groseilles à maquereau, ou avec des petits pois.

Canard rôti.
(To roast ducks.)

Farcissez avec de la sauge et des ognons hachés. Il lui faudra une demi-heure à trois quarts d'heure de cuisson, suivant la grosseur. Servez avec du jus. Pour les cannetons, il ne faut que vingt-cinq minutes à une demi-heure.

Pigeons rôtis.
(To roast pigeons.)

Ils demandent un quart d'heure à vingt minutes de cuisson, suivant la grosseur. On les farcit quelquefois avec du persil haché. Servez avec de la sauce blanche au persil.

Une autre manière de rôtir les pigeons, est de farcir avec du persil haché, du poivre, du sel et un morceau de beurre, mêlés ensemble. Il faut les lier très-serré du côté du cou, et les rôtir en les suspendant devant le feu par une ficelle attachée par les cuisses et le croupion.

Ayez soin de les faire tourner toujours et très-vîte. Servez-les dans leur jus , dont il y aura une quantité bien suffisante.

Perdrix rôties.
(To roast partridges.)

Les perdrix demandent dix-huit à vingt minutes de cuisson , suivant la grosseur. Servez avec du jus et de la mie de pain frite , ou de la sauce au pain. On se sert souvent de sauce blanche au lieu de jus.

Faisan rôti.
(To roast pheasants.)

Un beau faisan demandera environ une demi-heure ou trente-cinq minutes de cuisson , ou un peu plus , s'il est vieux. Une poule faisande , vingt-cinq minutes à une demi-heure. Servez avec de la sauce au jus et au pain, ou de la mie de pain frite.

Bécasses rôties.
(To roast woodcoks.)

On ne vide jamais les bécasses ni les bécassines. Faites rôtir vos bécasses pendant un quart-d'heure à vingt minutes. Mettez une rôtie dans la léchefrite pour recevoir ce qui en découlera. La cuisson opérée , retirez les intestins , couchez-les sur la rôtie , et dressez vos bécasses dessus. Servez avec de la sauce blanche dans une saucière , et du jus dans une autre , mais n'en mettez pas dans le plat , comme il y a des personnes qui trouvent que le jus gâte le bon goût des oiseaux.

Bécassines rôties.
(To roast snipes.)

Pluviers verts rôtis.
(To roast green plovers.)

Râles rôties.
(To roast landrails.)

Pour tous ces oiseaux , voyez l'article Bécasses. Seulement il leur faut un peu moins de temps pour la cuisson.

Cailles rôties.
(To roast quails.)

Voyez l'article précédent. Quelquefois on les farcit avec des fines herbes et de la graisse de bœuf crue , hachées menu , et un peu d'épices ; on les sert avec une sauce aux cailles. Voyez l'article dans le chapitre des sauces.

Pluviers gris rôtis.
(To roast grey plovers.)

Douze à quinze minutes de cuisson suffisent. Servez avec de la mie de pain frite et du jus.

Mauviettes rôties.
(To roast learks.)

Enfilez-les avec une brochette longue et mince , puis liez la brochette à la broche , et faites rôtir à un feu vif et clair. Pendant la cuisson , saupoudrez avec de la mie de pain et de la farine mêlées. Huit ou dix minutes suffiront. Servez avec de la mie de pain frite dans le plat , et de la sauce blanche ou du jus dans une saucière.

Vous pouvez faire rôtir plusieurs espèces de petits oiseaux de cette manière.

Ortolans rôtis.
(To roast ortolans.)

Il faut les embrocher en travers avec une feuille de vigne entre deux. Arrosez de beurre , et saupoudrez de mie de pain pendant la cuisson ; il suffit de dix à douze minutes. Servez avec de la mie de pain frite dans le plat , et du jus dans une saucière.

Poules de Guinée et paonnes rôties.
(To roast Guinea or pea fowls.)

Voyez l'article Faisan rôti.

Canards sauvages , macreuses , sarcelles , etc. rôtis.
(To roast wild ducks, widgeons, teals, etc.)

Un canard sauvage, ou une macreuse, demandent d'un quart d'heure à vingt minutes de cuisson , suivant la grosseur ; une sarcelle , douze à seize minutes ; et les autres oiseaux de ce genre, en proportion de leur grosseur. Servez-les avec du jus et des citrons coupés en quartiers.

Dindon , chapon ou poularde rôtis , à la reine Anne.
(To roast a turkey, capon, or fowl, as in the royal kitchen of queen Anne.)

Lorsque votre dindon , chapon ou poularde a été assez long-temps devant le feu pour être bien chaud par-tout , de manière à ce qu'il demande l'arrosement , arrosez-le une fois très-bien avec du beurre frais , puis une minute après , saupoudrez-le légèrement de farine par-tout ; la chaleur du feu convertira cela en une croûte légère qui contiendra le jus ; il ne faudra donc pas l'arroser davantage , ni y toucher qu'il ne soit presque entièrement rôti. Puis vous l'arroserez bien avec du beurre comme la première fois ; alors la croûte tombera à mesure que la viande commencera à prendre couleur. Semez-y un peu de gros sel , et faites cuire d'une belle couleur.

Dindon ou poularde rôtis , aux marrons.
(To roast a turkey or fowl with chesnuts.)

Faites griller et pelez deux douzaines de gros marrons , broyez-en seize dans un mortier avec le foie du dindon ou de la poularde , et deux anchois ; ajoutez-y du persil et d'autres fines herbes hachés bien menu , et un assaisonnement de macis , de poivre et de sel. Mêlez le tout bien ensemble , et mettez-le dans le ventre de l'oiseau que vous lierez bien serré des deux bouts après l'avoir embroché. La cuisson opérée , servez avec le reste des marrons coupés en morceaux , chauffés avec du bon jus et épaissis avec de la farine et du beurre ; vous les verserez dans le plat.

Volailles rôties à l'allemande.
(To roast fowls the german way.)

Farcissez les jabots avec une bonne farce , et remplissez les ventres de marrons grillés et pelés. Pendant la cuisson , épaississez un demi-setier de jus avec du beurre et de la farine ; ajoutez-y des navets bouillis à demi et coupés menu , et quelques saucisses coupées en tranches et frites. Servez avec cette sauce dans le plat. Vous pouvez apprêter de cette manière des dindons ou des canards.

Lièvre rôti.
(To roast a hare.)

Il faut bien laver votre lièvre après l'avoir dépouillé , et ensuite le mettre tremper dans de l'eau fraîche pendant quelque temps , puis essuyez-le bien avec un linge propre et sec. Faites une farce avec un quarteron de pain râpé , un quarteron de graisse de bœuf crue , hachée bien fin , du persil et du thym hachés bien menu , du poivre et du sel ; ajoutez-y le foie , s'il est parfaitement bon ; mêlez le tout avec un œuf, mettez dans le ventre du lièvre , et cousez-le. Un beau lièvre demandera une heure et demie de cuisson. Arrosez-le avec du lait jusqu'à environ dix minutes avant que vous deviez le retirer du feu ; puis semez-y du sel , saupoudrez-le de farine , et arrosez-le avec du beurre ou de la bonne graisse de rôti. Servez avec du jus dans une saucière , et de la gelée de groseilles dans une autre et un peu de jus dans le plat. En mettant au commencement de la cuisson une pinte de lait dans la léchefrite , vous aurez de quoi arroser suffisamment. Pendant toute la cuisson, il faut saupoudrer de temps à autre la tête.

Lapins rôtis.
(To roast rabbits.)

Faites-les rôtir , soit avec une farce , comme il est dit pour un lièvre , et servez avec du jus ; soit sans farce , et servez dans ce cas avec de la sauce blanche au persil , dans laquelle vous mettrez les foies bouillis et hachés. Les gros lapins demandent une demi-heure de cuisson ; vingt minutes suffisent pour les petits. Arrosez avec de la bonne graisse de rôti ou du beurre.

Poitrine de veau rôtie, à la reine Anne.
(To roast a breast of veal , as in queen Anne's kitchen.)

Hachez du persil et du thym très-menu. Battez cinq ou six jaunes d'œufs avec de la crème , et ajoutez-y les herbes que vous avez hachées , du pain râpé , quelques clous de girofle , un peu de macis , de muscade, de raisins de Corinthe et de sucre. Mêlez le tout bien ensemble , levez la peau de votre poitrine , mettez la farce dessous , et fermez bien la peau avec des brochettes. Embrochez et arrosez de beurre. Lorsqu'elle est cuite , pressez dessus le jus d'un citron , et servez.

Longe de veau rôtie , à la reine Anne.
(To roast a loin of veal , as in the same.)

Embrochez votre longe , et arrosez de beurre frais. Mettez dessous un plat où vous aurez mis un morceau de beurre, deux ou trois feuilles de sauge ; et deux ou trois sommités de romarin ou de thym. Laissez découler le jus dessus, et lorsque le veau est bien cuit, passez les herbes et le jus sur le feu, et servez dans le plat avec le veau.

Cochon de lait rôti, à la reine Anne.
(To roast a pig , as in the same.)

Mettez de la sauge dans le ventre du cochon, cousezle, faites rôtir, arrosez avec du beurre, et semez-y un peu de sel. Lorsqu'il est bien cuit, et que la peau en est croquante, mettez dans le plat la sauce suivante : de la sauge hachée et des raisins de Corinthe bien bouillis dans de l'eau et du vinaigre, le jus et la cervelle du cochon, un peu de pain râpé, des épines-vinettes et du sucre, le tout bien mêlé en semble, et passé sur le feu.

Autre manière, à la reine Anne.
(Another way, as in the same.)

Remplissez le ventre d'une farce faite avec du pain râpé, un peu de graisse de bœuf crue hachée bien menu, deux ou trois jaunes d'œufs, trois ou quatre cuillerées de bonne crème, et un peu de sel ; cousez-le, mettez-le devant le feu, et arrosez avec des jaunes d'œufs bien battus. Quelques minutes avant de le retirer du feu, pressez-y le jus d'un citron, et saupoudrez de miettes de pain, de poivre, de muscade, de gingembre et de sel. Faites une sauce avec du vinaigre, du beurre, des jaunes d'œufs durs hachés, le tout bouilli ensemble avec le jus du cochon, et servez.

Lièvre rôti, à la reine Anne.
(To roast a hare, as in the same.)

Lavez bien le lièvre et séchez le avec un linge ; mettez une farce dans le ventre, cousez-le, troussez le lièvre comme s'il courait, et faites rôtir. Faites une sauce avec du bon vin de Bordeaux, du pain râpé, du sucre, du gingembre, de l'épine-vinette et du beure, le tout bouilli ensemble, et servez dans le plat avec le lièvre.

Côtes de bœuf rôties et farcies.
(To roast ribs of beef stuffed.)

Faites une farce comme pour une rouelle de veau ; désossez le bœuf, mettez la farce au milieu, roulez et liez très-serré. Faites cuire à petit feu pendant environ deux heures et demie, ou trois heures si le morceau est bien gros. Servez avec une sauce rousse, au céleri ou aux huîtres.

Ris de veau rôtis.
(To roast sweetbreads.)

Faites-les blanchir dans de l'eau où il y ait un peu de lait, jusqu'à ce qu'ils soient moitié cuits ; puis ôtez-les, et sechez les avec un linge. Enduisez-les de jaunes d'œufs, et roulez-les dans de la mie de pain râpée bien fin. Faites-les rôtir dans une cuisinière, jusqu'à ce qu'ils aient pris une belle couleur, en ayant soin qu'ils ne soient pas trop près du feu, de peur de brûler. Servez avec de la mie de pain frite autour, et de la sauce blanche dans une saucière, ou bien servez dessus un rôtie, avec du jus ou de la sauce blanche dans le plat.

Langue et tétine rôties.
(To roast tongue and udder.)

Nettoyez bien proprement la langue, frottez-la avec du gros sel, très-peu de salpêtre, et un peu de sucre, et laissez-la pendant deux ou trois jours. Quand vous voulez l'apprêter, ayez une tétine fraîche et tendre, avec un peu de sa graisse, et faites-la bouillir doucement avec la langue jusqu'à ce qu'elles soient moitié cuites. Enlevez très-proprement de l'eau, puis liez-les ensemble en mettant le gros bout de l'une vers le bout mince de l'autre, et faites-les rôtir après avoir piqué la tétine de quelques clous de girofle. Servez avec du jus dans le plat, et de la gelée de groseilles dans une saucière.

Foie de veau rôti.
(To roast calf's liver.)

Lavez bien le foie, et mettez-le sécher dans un linge

propre. Faites-y une longue fente, et mettez-y une farce avec de la mie de pain, de la graisse de bœuf crue hachée, un anchois haché avec quelques fines herbes et un ognon, et un assaisonnement de poivre et de sel, le tout mêlé ensemble avec un œuf. Cousez le foie, enveloppez-le de sa coiffe, et faites rôtir à petit feu. Servez avec un jus roux dans le plat, et de la gelée de groseilles dans une saucière.

Tête de jeune cochon rôtie.
(To roast the head of a young hog.)

Nettoyez bien proprement la tête, fendez-la par-dessous, de sorte que les deux parties puissent se coucher à plat, mais qu'elles se tiennent par la peau de dessus. Enlevez la cervelle, remplissez les vides de mie de pain émiettée, de sauge hachée, et d'un peu de poivre et de sel; cousez la tête, et faites rôtir* Quelques minutes avant de la retirer du feu, décousez-la, et ouvrez-la suffisamment pour laissez tomber la farce sur une assiette ; mettez la farce dans un poêlon avec le jus et la cervelle que vous aurez nettoyée bien proprement ; passez sur le feu jusqu'à ce que la servelle soit assez cuite, puis servez la tête ouverte sur le plat, avec cette sauce, et avec des raisins de Corinthe proprement lavés et sechés dans une saucière.

Cœur de bœuf rôti.
(To roast a bullock's heart.)

Farcissez avec la même farce dont vous vous servez pour un lièvre, et mettez-le à la broche enveloppé de papier pour conserver le peu de graisse qui s'y trouve.

Uu cœur de grosseur moyenne demande environ deux heures de cuisson. Servez avec du jus et de la gelée de groseilles.

Cœur de veau rôti.
(To roast a calf's heart.)

Farcissez et enveloppez de papier comme le précédent. Un cœur de groseur moyenne demande environ deux heures de cuisson ; servez avec du jus, ou une sauce au persil.

Poulet ou dindonneau rôtis à la pâte.
(To roast a small hen, turkey, or pullet, with batter.)

Désossez l'oiseau, remplissez-le d'une farce, entourez-le de papier ; et mettez-lé à la broche. Lorsqu'il est presque moitié cuit, ôtez le papier, et arrosez avec un pâte liquide.

Lorsque le premier arrosement est séché, arrosez de nouveau, et répétez l'arrosement jusqu'à ce que l'oiseau soit bien incrusté, et suffisamment cuit. Il demandera de dix à quinze minutes de cuisson plus qu'il n'en faut pour un oiseau rôti à la manière ordinaire, parcequ'il est rempli de farce. Servez avec un jus blanc, ou une sauce aux champignons.

Collet de porc roulé et rôti.
(To roast a collared neck of pork.)

Désossez le collet, puis garnissez le dedans d'une farce composée de mie de pain, de sauge, et de très-peu de piment. Roulez le collet très-serré, liez-le de même, et faites rotir à petit feu. Une heure et demie, ou un peu plus, suivant la grosseur, suffira pour la cuisson.

Une longe de porc dont vous aurez enlevé la graisse

et le rognon, et que vous aurez desossée, est bien bonne apprêtée de la même manière.

Longe de mouton roulée et rôtie.
(To roast a collared loin of mutton.)

Enlevez la graisse du côté de dessus, et la viande du côté de dessous ; desossez, assaisonnez de poivre et de sel, ou d'un peu d'échalotes ou de fines herbes hâchées bien menu. Roulez et liez très-serré, et faites rôtir à feu doux. Environ une heure trois quarts de cuisson suffira. Pendant qu'elle est à la broche, faites bouillir à demi la viande que vous avez prise du côté de dessous, puis hâchez-la menu, mettez la dans un demi-setier de jus, et lorsque vous allez enlever votre longe de la broche, faites chauffer cette sauce, et versez dans le plat en servant.

Filet de bœuf roulé et rôti.
(Collar of beef roasted.)

Prenez un filet de bœuf, arrosez-le de vinaigre, et laissez-le suspendu jusqu'au lendemain. Faites une farce comme il est dit pour un lièvre, mettez-la sur un bout de la viande, roulez en commençant par ce bout-là, liez bien serré, et faites rôtir à feu doux pendant une heure trois quarts, plus ou moins, suivant la grosseur. Servez avec du jus comme pour un lièvre, et de la gelée de groseilles.

Petit morceau de parure de porc rôti,
(To roast a small piece of pork griskin.)

Mettez le morceau dans un vase, avec de l'eau froide, pas plus qu'il n'en faut pour le couvrir. Laissez-le bouillir doucement et au moment où l'ébullition sera bien opérée, sortez-le. Frottez-le d'un morceau de beurre, semez dessus un peu de sauge hachée et de mie de pain émiettée, faites rôtir dans un cuisinière. Il ne faudra que peu de temps pour la cuisson.

Aloyau de bœuf rôti, avec le filet en émincé.
(To roast a sirloin of beef, with the inside minced.)

Lorsque l'aloyau sera rôti aux trois quarts, enlevez en le filet, coupez-le en très-petits morceaux, assaisonnez de poivre, de sel, et d'échalotes hâchées très-menu. Lorsque vous allez retirer l'aloyau du feu, faites chauffer votre émincé avec tout juste assez de jus pour l'humecter. Servez l'aloyau sens dessus dessous, mettez l'emincé dessus, semez-y de la mie de pain, que vous ferez rissoler avec la pelle rouge, et mettez du raifort râpé autour du plat.

CHAPITRE III.

MANIÈRE

DE FAIRE BOUILLIR LA GROSSE VIANDE, LA VOLAILLE, LE GIBIER, etc.

(*BOILINGJOINTS, FOWL, GAME, etc.*)

Choisissez toujours une marmite d'une capacité tellement proportionnée à la grosseur de votre viande, qu'elle puisse contenir beaucoup d'eau ; la viande en sera plus pure et plus saine, que si vous la faites bouillir dans une petite quantité d'eau.

Mettez la viande salée dans la marmite avec de l'eau froide, et la viande fraîche avec de l'eau tiède. Si vous la mettez dans de l'eau bouillante, cela la durcit.

Au commencement, elle doit bouillir doucement ; aussitôt qu'elle bout, ôtez le couvercle, et ne le remettez plus ; puis entretenez le feu de manière à ce qu'elle puisse bien bouillir et sans cesser, et écumez avec soin.

Avec de la viande fraîche vous pouvez jeter un peu de sel dans l'eau après qu'elle a commencé bouillir.

Il ne faut jamais faire bouillir des légumes avec de la viande, à l'exception des carottes et des panais, qui peuvent se cuire avec du bœuf, du mouton et du porc.

Enlevez votre viande de l'eau aussitôt la cuisson opérée.

Si elle est gelée, faites-la séjourner dans de l'eau froide pour dégeler, puis essuyez-la avec un linge propre.

On prépare la volaille et le gibier pour faire cuire à l'eau, de la même manière que pour faire rôtir.

TEMPS QU'IL FAUT POUR LA CUISSON DE LA GROSSE VIANDE.

Le mouton.
(To boil mutton.)

Pour le gigot, donnez un quart d'heure de cuisson pour chaque livre, et dix à vingt minutes de plus, suivant la grosseur. Servez avec une sauce blanche aux câpres.

L'épaule, le collet et l'aloyau, ne demandent qu'un quart d'heure pour chaque livre.

Le bœuf.
(To boil beef.)

Pour le cimier et la culotte, un quart d'heure pour chaque livre ; et vingt, trente, ou quarante minutes de plus, suivant la grosseur, pour en attendrir les nerfs.

L'agneau.
(To boil lamb.)

Pour un gigot, un quart d'heure pour chaque livre, et quelques minutes de plus.

Pour un collet, un quart d'heure pour chaque livre, moins quelques minutes sur le tout.

Le porc.
(To boil pork.)

Pour un cuisseau, un quart d'heure pour chaque livre, et vingt à trente minutes de plus, suivant la grosseur.

Pour une échine, si elle est fendue le long de l'épine, un quart d'heure pour chaque livre. Si elle n'est pas fendue, vingt à trente minutes de plus.

Cuisse de chevreuil cuite à l'eau.
(To boil a haunch of venison.)

Pour une petite cuisse, un quart d'heure pour chaque livre et environ dix minutes de plus. Pour une grosse, trente à quarante minutes de plus. Il faut la saler environ huit jours avant de la faire cuire.

Tête de veau cuite à l'eau.
(To boil a calf's head.)

Nettoyez très-bien la tête, et laissez-la séjourner dans de l'eau une heure au plus avant de la faire cuire. Lorsque vous l'aurez mise dans la marmite, mettez la cervelle dans un morceau de linge fin, liez avec une ficelle, et mettez-la aussi dans la marmite. Faites cuire doucement ; environ une heure et demie suffira. Servez la tête avec de la sauce blanche au persil dans le plat. Prenez un peu de beurre, de sel et de persil haché, mêlez-les avec la cervelle, et servez sur un autre plat dans le milieu, avec la langue coupée en long par le milieu, à chaque côté.

Pour lui donner une bonne façon, vous pourrez l'enduire de jaunes d'œuf en la sortant de la marmite, y mêler de la mie de pain émiettée et du persil hâché, et

lui donner de la couleur avec la pelle rouge ou un four
de campagne.

Langue cuite à l'eau.
(To boil a tongue.)

Si elle est sèche, mettez-la tremper dans de l'eau
pendant dix à douze heures ; si elle est marinée, il ne
faut que la laver. Il lui faudra quatre heures de cuisson,
à compter du temps que vous la mettez dans la marmite ;
pendant les deux premières, il ne faut que la faire mijoter.
Au bout de trois heures, sortez-là et pelez-la, puis remet-
tez-la dans la marmite. Servez avec des navets écrasés
autour. (Voyez l'article.)

Petit salé cuit à l'eau.
(To boil pickled pork.)

Lavez et ratissez très-proprement, et faites bouillir
jusqu'à ce que la peau en soit très-tendre.

Lard cuit à l'eau.
(To boil bacon.)

Prenez du lard, lavez et ratissez bien, et mettez dans
de l'eau bouillante. Il faut qu'il bouille jusqu'à ce que la
peau en soit tendre, et que vous puissiez la détacher
aisément. Servez avec de la râpure de pain semée dessus.

Jambon cuit à l'eau.
(To boil a ham.)

Mettez votre jambon séjourner dans de l'eau pendant
douze à quatorze heures, puis ratissez-le très-proprement. Donnez un quart d'heure de cuisson pour chaque
livre, et quinze à trente minutes de plus, suivant la

grosseur. Il faut le laisser mijoter pendant une heure et demie ou deux heures avant de laisser bouillir. Enlevez-en la peau avant de servir, et semez dessus de la râpure de pain.

On met quelquefois un jambon tremper dans de l'eau et du lait pendant trente à trente-six heures. Il faut dans ce cas changer l'eau et le lait deux ou trois fois, suivant le temps que vous y laissez le jambon.

Os de moelle cuit à l'eau.
(To boil marrow bones.)

Couvrez-en l'ouverture avec un linge enfariné que vous lierez avec une ficelle, mettez l'os debout dans une casserole d'eau froide, en ayant soin qu'il sorte d'un demi-pouce. Il suffit d'une heure d'ébullition. Servez - le debout sur du pain rôti.

Dindon cuit à l'eau.
(To boil a turkey.)

Remplissez le jabot de la farce que vous voudrez. Un gros dindon demande deux heures de cuisson, et de plus petits à proportion. Il suffira de trois quarts d'heure pour un petit dindon, ou très-peu de plus. Servez avec une sauce blanche aux huîtres ou au céleri.

Volailles et poulets cuits à l'eau.
(To boil fowls and chickens.)

Une grosse volaille demande trois quarts d'heure ; une plus petite, trente à trent-cinq minutes. Les volailles sont bien bonnes avec une sauce blanche aux champignons, aux huîtres, au céleri, ou au persil, et accompagnées d'un plat de jambon, de langue, ou de lard.

On sert ordinairement les poulets avec une sauce blanche au persil.

Oie ou canard cuit à l'eau.
(To boil a goose or duck.)

Il faut saler une oie trois ou quatre jours avant de la faire cuire, et un canard deux ou trois jours, suivant la grosseur. Une grosse oie demandera une heure et demie de cuisson, un gros canard une heure. Servez l'un et l'autre avec de la sauce aux ognons, ou avec du chou que vous aurez d'abord fait cuire à l'eau, puis coupé par morceaux, et fait étuver dans un peu de jus, ou avec une sauce rousse au céleri.

Pigeons cuits à l'eau.
(To boil pigeons.)

Il doivent être gros et gras, mais pas vieux; il leur suffit de quinze à vingt minutes de cuisson. Servez avec des épinards sur le même plat, et avec du lard; mais il ne faut pas faire bouillir le lard avec les pigeons, et il se sert séparément. Vous pouvez aussi servir des pigeons avec de la sauce blanche au persil seulement, comme les poulets.

Lapins cuits à l'eau.
(To boil rabbits.)

Il suffit pour un gros lapin de trente-cinq minutes de cuisson ; pour de plus petits, vingt à trente minutes. Ils sont bien bons et bien blancs, cuits dans du lait et de l'eau, comme le sont aussi toutes les viandes blanches. Servez-les avec une sauce blanche aux ognons, ou sans ognons, dans laquelle vous jetterez les foies, que vous aurez fait bouillir et hachés, et quelques tranches de ci-

tron coupées en très-petits morceaux carrés. Vous pouvez aussi y ajouter du persil haché, à votre volonté.

Perdrix cuites à l'eau.
(To boil partridges.)

Il leur faut dix-huit à vingt minutes de cuisson. Servez avec de la sauce aux champignons blanche ou rousse,
ou avec du riz étuvé dans du jus, fait assez épais, assaisonné de poivre et de sel, et versé dessus, ou avec
une sauce au céleri.

Faisan cuit à l'eau.
(To boil a pheasant.)

S'il est gros, il demandera trois quarts d'heure de
cuisson; s'il est petit, une demi-heure. Servez avec une
des sauces indiquées dans l'article précédent.

Bécasses ou bécassines cuites à l'eau.
(To boil wood-cocks or snipes.)

Videz-le, ôtez-en ce qui est mauvais, et mettez le
reste dans suffisamment de jus pour le bien couvrir, et
faites bouillir pendant quelques minutes. Troussez les
oiseaux comme des poulets, et faites-les bouillir dans du
bon bouillon de bœuf. Il suffit pour les bécasses de dix
à quinze minutes de cuisson; pour les bécassines, de
huit à dix. Pendant leur cuisson, hachez les intestins assez fin, et faites frire de la mie de pain émiettée jusqu'à
ce qu'elle soit d'une belle couleur. Lorsque les oiseaux
sont presque cuits, prenez environ un demi-setier de
leur bouillon, ajoutez-le aux intestins avec la friture,
deux cuillerées de bon vin rouge ou blanc, et un petit

morceau de beurre enfariné. Remuez bien ce mélange
sur le feu jusqu'à ce qu'il soit bien chaud, sans le laisser
bouillir, et lorsque les oiseaux sont cuits, dressez-les
sur le plat, et versez cette sauce par-dessus.

*Bécasses, bécassines, pigeons, merles, grives, râles,
   cailles, mauviettes, moineaux, culs-blancs, marti-
   nets, et toutes sortes de petits oiseaux de terre, à la
   reine Anne.*
(To boil woodcocks, snipes, pigeons, blackbirds, thrushes, field-
   fares, rails, quails, larks, sparrows, wheat-ears, martins, or
   any smal land fowl, as in queen Anne's kitchen.)

Faites bouillir les oiseaux dans du fort bouillon, ou
dans de l'eau et du sel. Lorsqu'ils sont cuits, videz-les,
et hachez les intestins et les foies menu ; ajoutez-y de
la mie de pain râpée, un peu du bouillon où les oiseaux
ont été cuits, du macis et du jus, et faites étuver le
tout. Battez deux jaunes d'œufs avec un peu de vinaigre
et de la muscade râpée ; et lorsque vous allez servir,
ajoutez cela à la sauce avec un petit morceau de beurre,
en remuant. Dressez les oiseaux sur de petites rôties,
et versez la sauce dessus avec des câpres, du citron haché menu, et de l'épine-vinette, ou des raisins marinés
entiers. On y ajoute quelquefois des ognons et des raisins de Corinthe bouillis ensemble dans du bouillon, séparément de la sauce. Lorsque vous n'y mettrez point
d'ognons, frottez le fond du plat avec une ou deux
gousses d'ail.

Chapon, ou poulet, idem.
(To boil a capon, pullet, or chicken, as in the same.)

Faites bouillir dans du bon bouillon de mouton, avec

du macis, un bouquet de fines herbes, un peu de sauge, des épinards, des feuilles et des fleurs de souci, de la chicorée blanche ou verte, de la bourrache, de la buglose ,. du persil, et de l'oseille, et servez dessus des rôties.

Chapon ou poulet au chou-fleur, idem.
(To boil a capon or chicken with cauliflower, as in the same.)

Coupez le chou-fleur par petites têtes, en y laissant environ un pouce et demi de queue, et faites-les bouillir dans du lait avec un peu de macis jusqu'à ce qu'elles soient très-tendres. Battez deux jaunes d'œufs avec un poisson de vin de liqueur. Faites de la sauce blanche très-épaisse, avec un peu de vinaigre et quelques tranches de citron ; versez cela dans des œufs, et transvasez le tout plusieurs fois jusqu'à ce qu'il soit bien mêlé ; puis sortez le chou-fleur du lait et mettez-le dans la sauce. Lorsque votre chapon ou poulet est tendre, dressez-le sur des rôties, et versez la sauce dessus.

Pigeons cuits à l'eau, idem.
(To boil pigeons, as in the same.)

Mettez-les dans une casserole avec du fort bouillon, ou de l'eau ; faites bouillir et écumez ; mettez-y du macis, un bouquet de fines herbes, de la chicorée blanche, des fleurs de souci et du sel. Servez sur des tranches de pain , et garnissez le plat de macis et de chicorée blanche.

Oie bouillie, idem.
(To boil a goose, as in the same.)

Salez votre oie un jour ou deux avant de la faire cuire.

Trempez de la farine d'avoine dans du lait chaud, ou dans quelque autre liquide, puis mêlez-la avec de la graisse de bœuf crue, des pommes, des ognons et des fines herbes, le tout haché, et un assaisonnement de clous de girofle, de macis et de poivre. Emplissez de tout cela le ventre de l'oie, et liez-la serré au cou et à l'autre bout. Faites bouillir, et dressez sur des tranches de pain trempées dans du bouillon gras, avec du chou-fleur, du chou, des navets et de l'épine-vinette. Versez de la sauce blanche dessus.

Canard sauvage bouilli, idem.
(Wild duck boiled, as in the same.)

L'ayant vidé et troussé, faites bouillir à demi, puis rôtir à demi, découpez-le, mettez le jus dans une terrine, avec une bonne quantité d'ognons, de persil, de gingembre coupé par tranches, de poivre et de macis, des raisins de Corinthe, de l'épine-vinette, et une pinte de vin clairet. Laissez bouillir, écumez bien, jetez-y du beurre et du sucre, et versez sur le canard.

Lapin bouilli, idem.
(To boil a rabbit, as in the same.)

Faites bouillir dans de l'eau et du sel. Prenez du thym et du persil, de chacun une poignée, hachez-les ensemble, et faites-les bouillir dans un peu de bouillon du lapin. Ajoutez-y trois ou quatre cuillerées de verjus, un morceau de beurre, et deux ou trois œufs bien battus. Remuez le tout bien ensemble ; passez sur le feu jusqu'à ce qu'il épaississe, et servez le lapin en versant cette sauce par-dessus.

Poulets bouillis à la Hollandaise.
(To boil chickens dutch fashion.)

Prenez six jeunes poulets, ou davantage, et mettez-les dans une terrine après les avoir troussés comme pour bouillir, avec tout juste suffisamment d'eau pour les couvrir. Lorsqu'ils bouillent, mettez-y un litron de petits pois, et une petite poignée de persil, bien épluché et lavé. Lorsque les pois sont assez cuits, ajoutez-y une chopine de bonne crême. Dressez les poulets sur des tranches minces de pain, puis versez la sauce par-dessus. Garnissez le plat de fleurs, et d'un peu de sel, et servez.

Chapon au bouillon blanc, à la lady Masham.
(To boil a capon with white broth, lady Masham's way.)

Faites un assez bon bouillon avec les bouts saigneux de collets de mouton et de veau, dont il faut au moins trois pintes, pour servir avec le chapon. Pilez un quarteron d'amandes blanchies avec trois ou quatre cuillerées de crème, et un peu d'eau de rose. Ajoutez-y un peu de bouillon, pour extraire toute l'essence des amandes, et puis mêlez le tout avec le reste du bouillon. Faites bouillir le chapon séparément dans de l'eau ; faites bouillir aussi séparément un ou deux os de moelle dans de l'eau. Faites bouillir encore séparément des marrons ou des pistaches, et des racines de chervis, de chicorée ou de persil, suivant la saison. Otez les pépins à de bons raisons secs, hachez-les un peu, et faites-les étuver dans de l'eau et du sucre. Lorsque tous ces ingrédiens sont prêts, battez deux ou trois œufs frais, avec un peu de bouillon blanc, qui doit être bouillant en même temps ;

puis mêlez cela avec le reste du bouillon, et laissez toujours bouillir. Ajoutez-y tous les autres ingrédiens, excepté la moelle et le chapon, et encore un peu d'écorce d'orange confite coupée par tranches, dont vous aurez dégagé le sucre en la trempant dans de l'eau chaude ; ou un peu d'écorce d'orange ou de citron marinée avec du vinaigre et du sucre. Après que cette écorce aura bouilli un peu dans le bouillon, il faut l'en retirer. Ajoutez un peu de vin de liqueur au bouillon, et puis la moelle par gros morceaux, que vous aurez retirée des os en les frappant. Retirez le chapon tout chaud de son bouillon, dressez-le sur un plat sur des tranches minces de pain tant rôti que sans être rôti ; versez le bouillon avec tous ces ingrediens par-dessus ; couvrez d'un autre plat, faites étuver le tout ensemble pendant quelque temps, et servez.

Le bouillon sera meilleur si vous y faites cuire le chapon, au lieu de le faire cuire dans de l'eau.

CHAPITRE IV.

MANIÈRE

DE FAIRE LES GRILLADES, FRITURES, ÉTUVÉES, etc.

(*BOILING, FRYING, STEWING, etc.*)

Pour les grillades, ainsi que pour les fritures, il faut un feu clair et vif : il faut aussi retourner la viande fréquemment.

Pour étuver, il faut un petit feu, et il ne faut jamais laisser bouillir : la viande étuvée devient dure étant cuite trop long-temps.

Beefsteak grillé.
(To boil a beefsteak.)

Ayez des tranches de culotte de bœuf d'un demi-pouce d'épaisseur; battez-les bien avec un rouleau, et assaisonnez-les de poivre et de sel : lorsque le feu est bien clair et que le gril est chaud, frottez-le avec de la graisse de bœuf crue; mettez-y les tranches, et retournez-les souvent pour que le jus n'en découle pas : lorsque les tranches sont cuites, mettez-les de suite sur un plat chaud où il y ait un peu de jus ou un morceau de beurre avec très-peu d'eau; semez dessus un peu d'échalotes hachées, et servez avec du raifort ratissé sur les bords du plat.

Tête de veau en ragoût.
(To ragoo a balf's head.)

Désossez la moitié d'une tête de veau, puis coupez quelques tranches de jambon et mettez-les au fond d'une terrine avec deux tranches minces de veau, trois écha-lotes, une gousse d'ail, un peu d'épices et un bouquet de fines herbes; mettez-y la tête avec plein une demi-tasse de jus; faites étuver pendant un quart-d'heure, puis ajoutez-y une pinte de jus; faites étuver jusqu'à ce qu'elle soit tendre, puis passez le jus, dégraissez-le et mettez un morceau de beurre dans la terrine; faites-le fondre et mettez-y une cuillerée de farine; mêlez-y le jus par degré, et jetez-y un verre de bon vin blanc et un peu de champignons ou de culs d'artichauts coupés par morceaux : il faut que la sauce soit épaisse; mettez-y la tête, et faites bouillir un peu; assaisonnez à votre goût, et servez en versant la sauce par-dessus.

Tranches de mouton grillées.
(Mutton chops.)

Coupez la meilleure partie d'un collet de mouton par tranches et assaisonnez-les de poivre blanc et de sel : lorsqu'elles sont sur le gril, retournez-les souvent; ser-vez-les bien chaudement : les meilleures sont celles qui sont prises dans la partie du collet qui est couverte de graisse; mais il faut enlever la graisse avec soin : ayez soin de conserver le jus autant que possible, en ne fai-sant pas trop cuire les tranches.

Beefsteaks frits.
(To fry a beefsteak.)

Coupez les tranches comme pour griller, et mettez-les dans une casserole avec un morceau de beurre ; mettez-les sur un petit feu et retournez-les toujours jusqu'à ce que le beurre soit devenu un jus blanc et épais ; versez-le dans un bol et mettez encore du beurre aux beefs-teaks : lorsqu'ils sont presque cuits , versez tout le jus dans le bol et mettez encore du beurre dans la terrine, puis faites frire les beefsteaks à grand feu jusqu'à ce qu'ils soient d'une belle couleur ; retirez-les du feu et mettez-les sur un plat chaud , en y versant le jus que vous leur aurez retiré et où vous aurez mis de l'écha-lote hachée ; servez très-chaudement.

Fricandeaux blancs.
(Veal collops , white.)

Coupez des tranches très-minces de cuisse de veau et assaisonnez-les de poivre blanc, de sel, de macis, de muscade et d'un peu d'écorce de citron ; puis mettez la viande dans une casserole avec un gros morceau de beurre et mettez sur un petit feu ; remuez toujours pour l'empêcher de brûler en s'attachant à la casserole : quelques instans avant de servir, ajoutez-y de la crème battue avec un jaune d'œuf, et épaississez avec un morceau de beurre enfariné ; remuez toujours jusqu'au moment de servir.

Fricandeaux roux.
(Veal collops , brown.)

Coupez la viande par tranches, un peu plus grosses

que celles pour les fricandeaux blancs ; battez-les avec
un rouleau et assaisonnez de poivre blanc, de sel, de muscade et de macis ; mettez-les dans une poêle et faites-les
roussir d'une belle couleur : lorsqu'elles sont assez cuites,
mettez-les dans une casserole avec du bon jus, du catsup, de l'essence d'anchois et du jus de citron ; remuez
toujours, et, lorsqu'elles sont bien chauffées, servez
avec des boulettes d'œufs.

Canards aux petits pois.
(Duck stewed with green peas.)

Faites rôtir à demi un canard sans le farcir, puis mettez-
le dans une casserole avec deux ou trois brins de menthe,
un peu de sauge hachée et environ une chopine de bon
jus ; laissez étuver pendant une demi-heure, puis épaississez le jus ; mettez-y une chopine de petits pois bouillis
de la même manière que pour servir seuls ; faites encore
étuver pendant quelques minutes, puis servez le canard
avec les pois en versant du jus dessus.

Foie de veau au lard.
(To fry a calf's liver and bacon.)

Coupez le foie par tranches un peu minces, et faites
frire d'une belle couleur ; puis faites frire quelques tranches minces de lard ; couchez-les sur le foie, et servez
avec un peu de jus et du persil frit sur les bords du plat,
ou semé par-dessus.

Friture au curry.
(A fried curry.)

Pilez dans un mortier de marbre une gousse d'ail,

une cuillerée de poudre de *curry* et une cuillerée à café
de curcuma moulu, avec très-peu d'eau; puis coupez un
lapin ou un poulet par morceaux et frottez-le avec une
partie de ce mélange, en y ajoutant un peu d'eau et de
sel; faites fondre un gros morceau de beurre dans une
casserole, en ayant soin qu'il ne brûle pas : mettez-y
le lapin ou le poulet avec le reste du mélange, et un ou
deux ognons coupés par tranches; faites cuire jusqu'à ce
que la viande soit cuite; ajoutez-y un peu de jus de citron ou d'orange amère, et servez.

Vous pouvez faire un bien bon *curry* avec des huîtres, des anguilles, des homards, du veau, ou de presque toute espèce de viande, au lieu de lapin ou de poulet, dont cependant on se sert le plus fréquemment.

Idem au jus.
(Curry with gravy.)

Hachez trois ou quatre ognons et faites-les frire jusqu'à ce qu'ils soient roussis, sans les brûler; puis coupez un lapin ou un poulet par morceaux, et faites-le
frire à moitié dans le beurre, en y semant à mesure un
peu plus d'une cuillerée de poudre de *curry*; mettez-
le dans une casserole avec les ognons et une chopine de
bon jus; faites étuver doucement jusqu'à ce que la
viande soit tendre; puis ajoutez-y le jus d'un citron ou
de deux limes, et servez.

Riz bouilli, pour servir avec une friture au curry.
(To boil rice to eat with burry.)

Lavez une demi-livre de riz dans de l'eau et du sel;
puis mettez-le dans quatre ou cinq chopines d'eau bouil-

lante, et laissez bouillir pendant vingt minutes ; égouttez-le dans une passoire, et mettez-le auprès du feu
pour sécher : lorsqu'il est bien sec, renversez-le sur un
plat sans y toucher ni avec une cuillère ni avec les
doigts : il doit être servi séparément.

Tranches de porc à l'étuvée.
(To stew pork steaks.)

Coupez autant de tranches qu'il vous en faut dans le
meilleur bout d'une longe ou d'un collet de porc ; enlevez-en la peau et presque toute la graisse, et faites-les
frire d'une belle couleur ; mettez-les dans une casserole
avec suffisamment de bon jus pour en faire une bonne
sauce, et du poivre et du sel : dix minutes avant de
servir, épaississez le jus avec un morceau de beurre
enfariné, et frottez les tranches avec un peu de sauge ou
de menthe séchée.

Tranches de mouton à l'étuvée.
(Stewed mutton steaks.)

Coupez quelques tranches dans le meilleur bout d'un
aloyau de mouton ou dans la partie charnue d'un gigot ;
assaisonnez-les de poivre et de sel ; mettez-les dans une
casserole avec des ognons coupés par tranches, et couvrez-les d'eau et d'un peu de jus : lorsqu'elles sont
cuites d'un côté, retournez-les et épaississez le jus en
même temps avec de la farine et du beurre : vous pouvez y ajouter, à votre volonté, un peu d'échalotes ou
de *catsup*, ou tous les deux : il leur suffit de vingt à
vingt-cinq minutes de cuisson.

Tranches de mouton et de veau frites.
(Fried mutton and veal steaks.)

Hachez un peu de persil, de thym et d'écorce de citron, et mêlez-les avec une cuillerée ou deux de mie de
pain émiettée ; un peu de muscade râpée, du poivre et
du sel ; coupez des tranches dans un collet ou un aloyau
de mouton ; enlevez-en presque toute la graisse ; battezles bien : enduisez-les de jaunes d'œufs, et semez abondamment de mie de pain émiettée et de fines herbes ;
faites-les frire d'une belle couleur, et servez avec du
persil frit dans le plat.

Vous pouvez apprêter de la même manière des tranches de veau.

Brechet de bœuf à la bourgeoise.
(Brisket of beef stewed plain.)

Faites étuver neuf livres de brechet de bœuf dans
huit pintes d'eau pendant deux ou trois heures, la veille du
jour où vous voulez le servir : lorsqu'il est assez tendre,
désossez-le et écumez-en la graisse avec soin ; puis faites
bouillir un peu de carottes, de navets, d'ognons, de céleri
et de chou blanc, dans un peu du bouillon, jusqu'à ce
qu'ils soient bien tendres ; ajoutez ces ingrédiens avec
du sel et le reste du bouillon, au bœuf, et faites étuver
le tout jusqu'à parfaite cuisson.

Brechet de bœuf au vin.
(Brisket of beef stewed savoury.)

Prenez-en environ huit livres, et faites étuver jusqu'à
ce qu'il soit tendre, dans assez d'eau pour le couvrir ,

puis désossez-le, et écumez-en la graisse avec soin. Prenez une chopine du jus, ajoutez-y le tiers d'une chopine de bon vin rouge, un peu de catsup aux noix ou aux champignons, et du sel. Mettez du poivre blanc entier et du sel dans un morceau de mousseline que vous lierez avec un fil, et faites étuver le tout ensemble pendant un peu de temps. Ayez tout prêts des carottes et des navets bouillis jusqu'à ce qu'ils soient tendres, et coupés par morceaux carrés ; semez-les sur le bœuf, et mettez-en aussi dans le plat. Vous pouvez y ajouter des truffes et des morilles ou des culs d'artichauts, à votre volonté.

Beefsteaks roulés.
(Beefsteaks rolled.)

Battez bien vos beefsteaks, puis mettez une farce bien assaisonnée par-dessus. Roulez et fermez-les serré avec des brochettes. Faites-les frire dans de la graisse de rôti, jusqu'à ce qu'ils soient légèrement roussis. Sortez-les de la graisse et mettez-les dans une casserole avec du bon jus, une cuillerée de bon vin rouge, et du *catsup.* Servez avec le jus et quelques champignons marinés.

Bœuf de famille.
(Familly beef.)

Prenez un brechet de bœuf, et après avoir mêlé une demi-livre de sucre, un quart-d'once de salpêtre, deux onces de sel gris, et une demi-livre de sel ordinaire, faites bien entrer ce mélange dans le bœuf en frottant, puis mettez-le dans une terrine et retournez-le tous les jours pendant quinze jours. Faites cuire à l'eau, et servez avec des choux de Milan, ou d'autres légumes. Il est bon froid et coupé par tranches , avec une sauce à la poivrade.

Beefsteak à l'étuvée.
(Bcefsteak steved.)

Faites cuire vos beefsteaks d'une belle couleur dans du beurre , puis mettez-y un demi-setier d'eau , un ognon coupé par tranches , une cuillerée de *catsup* aux noix , un peu d'échalotte hachée , du poivre blanc et du sel. Fermez hermétiquement , et faites étuver doucement. Lorsqu'ils sont cuits , épaississez le jus avec de la farine et du beurre. Garnissez le plat de raifort ratissé , et servez chaudement.

Fricassée de ris de veau.
(Fricassee of sweetbreads.)

Coupez des ris de veau par tranches assez grosses , faites-les bouillir à demi dans un peu plus d'eau qu'il n'en faut pour les couvrir , avec un peu de sel, de poivre blanc , et de macis. Puis ajoutez-y du beurre , quatre jaunes d'œufs battus avec un peu de bon vin blanc , et du verjus. Retenez toujours sur le feu en remuant bien , jusqu'à ce que la sauce soit de la consistance convenable , puis servez en exprimant dessus du jus d'orange amère.

Si vous voulez une fricassée rousse , faites frire d'abord les ris dans le beurre , jusqu'à ce que l'extérieur en soit roussi , puis versez le beurre , mettez en sa place de l'eau , faites bouillir , et continuez comme il est dit ci-dessus. Vous pouvez ajouter avec l'eau un ognon ou une gousse d'ail , à votre volonté. Si vous vous servez de bouillon au lieu d'eau , dans l'une ou dans l'autre manière , votre fricassée n'en sera que meilleure.

Pieds et oreilles de cochon de lait.
(Pig's feet and ears.)

Nettoyez et échaudez-les , fendez les pieds par le milieu , attachez-les ensemble , mettez le tout dans une
casserole avec assez d'eau pour le bien couvrir. Lorsqu'ils
bouillent , écumez-les bien , ajoutez-y du poivre , du
macis, du piment, du sel, deux ou trois ognons , et un
peu de thym. Faites étuver jusqu'à ce qu'ils soient
tendres , et laissez reposer jusqu'au lendemain. Puis
dégraissez-les, et après avoir détaché les pieds , secouez-
les un peu sur le feu dans un peu de leur bouillon , avec
du persil et des échalottes hachées, et un peu de jus de citron. Puis frottez-les de jaunes d'œufs et de mie de pain
émiettée , et faites-les roussir avec la pelle rouge. Coupez les oreilles en tranches longues , faites-les étuver
pendant quelques minutes dans du bon jus , et servez-
les en dressant les pieds dessus.

Pieds de cochon de lait.
(Pig's pettitoes.)

Prenez le cœur , le foie et les poumons d'un cochon
de lait , faites-les bouillir pendant dix minutes , puis
hachez-les menu. Faites bouillir les pieds jusqu'à ce
qu'ils soient tendres , puis sortez et fendez-les. Epaississez tout leur bouillon avec de la farine et du beurre ;
mettez-y le hachis avec une tranche de citron , une
cuillerée de bon vin blanc, et un peu de sel , et laissez
bouillir un peu. Battez ensemble un jaune d'œuf , deux
cuillerées de bonne crême , et de la muscade ; ajoutez
cela et les pieds au hachis , secouez sur le feu , mais ne

laissez pas bouillir ; mettez des petites tranches de pain autour du plat , versez-y le hachis et le jus , et servez.

Épaule d'agneau grillée.
(Shoulder of lamb grilled.)

Faites rôtir une épaule d'agneau aux trois quarts , incisez-la en long et en large de manière à ce que les carrés soient d'environ un pouce ; frottez-la partout de jaunes d'œufs, assaisonnez de poivre et de sel, et semez dessus de la mie de pain émiettée et du persil haché. Mettez-la devant le feu, faites roussir avec la pelle rouge , et servez avec du jus , du *catsup* au champignons , du jus de citron , et un morceau de beurre roulé dans de la farine , le tout chauffé jusqu'à ce qu'il soit bien lié.

Hachis de bœuf ou de mouton.
(To hash beef or mutton.)

Prenez un morceau de beurre roulé dans de la farine , mettez-le dans une casserole , et remuez-le jusqu'à ce qu'il prenne une bonne couleur. Puis mettez-y autant de jus qu'il vous en faudra pour faire une sauce. Assaisonnez de sel, de poivre blanc, d'échalotte ou d'ognon , et d'un peu de persil haché. Coupez la viande en tranches minces , et mettez-la dans la sauce ; lorsqu'elle est chauffée , ajoutez-y du jus de citron ou un peu de vinaigre , et servez chaudement.

Fricassée à la Bloombury.
(A bloomsbury fricassee.)

Coupez deux poulets par morceaux , et faites-les frire légèrement dans du beurre. Versez dessus du bouillon chaud ou de l'eau bouillante ; mettez-y un ognon coupé par tranches, un bouquet de thym et de persil , une ou deux tranches de jambon maigre, du poivre entier, quelques clous de girofle , et du sel. Laissez étuver doucement pendant un quart d'heure , puis sortez le bouquet de thym et de persil , mettez en sa place du persil haché, deux ou trois jaunes d'œufs battus avec un peu du bouillon, et du verjus ou du vinaigre. Secouez sur le feu jusqu'à ce que la sauce soit liée , et servez.

Si vous faites étuver les poulets trop long-temps , ils seront durs.

Vous pouvez faire une fricassée de lapins de la même manière.

Pigeons , sarcelles ou canards sauvages à la Toussaint.
(To bake pigeons, teals, or wild ducks, à la Toussaint.)

Assaisonnez-les bien de poivre et de sel , mettez-les dans une terrine avec beaucoup de beurre et du vin clairet. Couvrez la terrine avec un papier , liez-le et mettez au four. Lorsque les oiseaux sont cuits , sortez-les de la terrine et essuyez-les jusqu'à ce qu'ils soient bien secs. Mettez-les dans un vase propre , et couchez quelques feuilles de laurier dessus. Clarifiez le beurre où ils ont cuit , et ajoutez-y encore assez de beurre clarifié pour les couvrir de deux pouces , versez-le sur les oiseaux aussi peu chaud que possible , laissez reposer jusqu'à ce qu'il soit froid , puis attachez un papier dessus. Ils se conservent jusqu'à trois mois.

Bœuf salé.
(Red beef, Yor slices.)

Prenez un morceau de tranche de bœuf maigre, et enlevez-en la peau. Frottez-le bien avec un mélange composé de deux livres de sel ordinaire, deux onces de sel gris, deux onces de salpêtre, et une demi-livre de sucre, pilés dans un mortier de marbre. Mettez le bœuf dans un vase, et retournez et frottez-le tous les jours pendant sept ou huit jours ; puis sortez-le de la saumure, essuyez-le, semez dessus du macis, des clous de girofle, du poivre, un peu de piment, le tout pilé, beaucoup de persil haché, et quelques échalottes. Roulez-le, serrez avec du ruban de fil autour, faites bouillir jusqu'à ce qu'il soit tendre, pressez-le de la même manière que vous pressez un cochon de lait roulé, et lorsqu'il est froid, coupez-en autant de tranches qu'il vous en faudra, garnissez d'épines-vinettes marinées, de persil frais ou d'autre chose à votre volonté.

Mâchoire de bœuf à l'étuvée.
(Ox-cheek stewed.)

Désossez-la, et lavez-la très-proprement, puis roulez et liez-la, mettez-la dans une casserole avec du bon jus, ou de l'eau bouillante ; écumez, ajoutez-y deux feuilles de laurier, un peu d'ail, des ognons, des champignons, du céleri, des carottes, la moitié d'un petit chou, des navets, un bouquet de fines herbes, du poivre entier, un peu de piment et de macis. Laissez étuver la mâchoire jusqu'à ce qu'elle soit presque cuite, puis coupez les ficelles, mettez la machoire dans une casserole propre, égouttez le jus dans un tamis, dégraissez-le bien, assaisonnez de jus de citron, de poivre rouge et de sel ; ajoutez-y un peu de *catsup*, clarifiez avec des œufs, passez-le à travers un gros linge sur la mâchoire, et faites étuver jusqu'à ce qu'elle soit tendre.

Culotte de bœuf à la mode.
(Rump of beef à la mode.)

Désossez la culotte, piquez-la de gros lard, assaisonné de fines herbes, d'épices piléos ; de poivre et de sel. Liez-la avec de la ficelle, mettez-la dans une casserole, couvrez-la de jus de veau, faites bouillir, écumez, et ajoutez-y une chopine de bon vin rouge, des ognons, des navets, du céleri, quelques feuilles de laurier, de l'ail, des champignons, un peu de piment entier, et un peu de macis. Laissez étuver jusqu'à ce qu'elle soit presque cuite ; puis sortez-le jus, coupez les ficelles, essuyez-la jusqu'à ce qu'elle soit sèche, et mettez-la dans une casserole propre. Passez-le jus au tamis, dégraissez-le bien, assaisonnez-le de poivre rouge, de sel, d'un demi-setier de vinaigre, de citron mariné, et d'un peu de jus de citron ; ajoutez-y un peu de *catsup*, clarifiez-le avec des blancs d'œufs, et faites-le passer à travers un gros linge sur la culotte. Faites étuver doucement, et servez dans un plat profond.

Après avoir clarifié et passé le jus, vous pouvez l'épaissir avec de la farine et du beurre.

Hachis de tête de veau.
(Hashed calf's head.)

Prenez une tête, enlevez-en la peau, fendez-la par

le milieu, lavez et faites-la blanchir, pelez la langue, coupez-la par tranches, ainsi que la chair de la tête. Ajoutez-y des morilles et des truffes blanchies, des boulettes d'œufs et autres, des champignons étuvés, des culs d'artichauts, et du jus bien assaisonné. Laissez étuver doucement jusqu'à ce que la viande soit presque cuite, puis ajoutez-y quelques tranches de ris de veau. Lorsque vous allez servir, dressez la cervelle, et des tranches de lard au tour du hachis; et si vous voulez, vous pouvez dresser dessus la moitié de la tête, apprêtée comme il suit. Après que vous aurez fait blanchir la tête, enduisez une des moitiés de jaunes d'œufs, puis assaisonnez-la de poivre et de sel, semez-y de la mie de pain émiettee, faites-la cuire au four jusqu'à ce qu'elle soit très-tendre, et passez la pelle rouge dessus, s'il le faut. Enduisez-la cervelle de jaunes d'œufs, roulez-la dans de la mie de pain émiettée, et faites la frire dans du sain-doux bouillant. Les tranches de lard doivent être cuites à l'eau.

Poitrine de veau aux omelettes.

(Breast of veal whit omelets.)

Désossez le veau, et couchez dessus une farce légère, et sur cela quelques tranches de jambon maigre, des concombres marinées, du gros lard, et des omelettes. Roulez serré dans un linge, liez chaque bout, et faites étuver jusqu'à ce qu'elle soit tendre. Sortez-la du linge, essuyez-la jusqu'à ce qu'elle soit sèche, et glacez-en le dessus; puis dressez-la sur de l'oseille étuvée, ou du céleri étuvé, ou un ragoût de culs d'artichauts.

Poitrine de veau en ragoût.
(Breast of veal ragooed.)

Enlevez-en l'os de dessous , et coupez la poitrine en deux, dans le sens de la longueur, puis coupez-la encore par morceaux de moyenne grosseur; faites-les frire dans un peu de saindoux jusqu'à ce qu'ils soient légèrement roussis, essuyez-les avec un linge, mettez-les dans une casserole avec un demi-setier de jus de veau , faites les mijoter jusqu'à ce qu'ils soient presque cuits , et que le jus soit presque réduit, puis ajoutez-y des morilles et des truffes blanchies, des ris de veau coupés par tranches, des boulettes d'œufs , des culs d'artichauts , un peu de *catsup*, et du jus; assaisonnez avec du poivre rouge, du sel, et un peu de jus de citron ; laissez étuver le tout jusqu'à parfaite cuisson.

Collet de veau piqué.
(Neck of veal larded.)

Enlevez-en l'os de dessous, et une partie des os longs : épluchez-le proprement, piquez-le de gros lard , et faites rôtir doucement avec une coîffe de veau passée autour. Dix minutes avant qu'il soit cuit, enlevez la coiffe, et ne faites que légèrement roussir le collet. Mettez sur un plat de la sauce à l'oseille , des pieds de céleri ou des sommités d'asperges ; dressez le collet dessus , et servez avec une sauce aux champignons dans une saucière.

Tranches de mouton en haricot.
(Harico mutton cutlets.)

Coupez des tranches dans une longe ou le filet d'un

collet de mouton, parez-les proprement, et faites-les frire jusqu'à ce qu'elles soient cuites aux trois quarts et d'une belle couleur. Mettez-les dans une casserole, ajoutez-y un peu d'eau pour qu'elles ne brûlent pas, et faites mijoter jusqu'à ce qu'elles soient tendres. En servant, versez dessus une sauce à haricot à laquelle vous aurez ajouté le jus des tranches, après l'avoir passé et dégraissé.

Filet de mouton aux concombres.
(Fillet of mutton with cucumbers.)

Prenez le filet d'un collet de mouton, enlevez l'os de dessous, parez-le proprement, piquez-le de gros lard, faites-le rôtir doucement, et servez avec des concombres ou de la sauce à l'oseille dessous.

Tranches de mouton aux pommes-de-terre.
(Mutton cutlets with potatoes.)

Coupez une longe de mouton par tranches, battez-les avec un rouleau, et parez-les proprement. Passez-les sur le feu avec des fines herbes, des échalotes hachées, du poivre, du sel, et du jus de citron. Lorsqu'elles sont presque cuites, mettez-les sur un plat jusqu'à ce qu'elles soient presque froides, puis enduisez-les de jaunes d'œufs et de mie de pain émiettée, et faites-les frire dans du saindoux bouillant jusqu'à ce qu'elles soient légèrement roussies. Dressez-les autour d'un plat, mettez des pommes-de-terre au milieu, et versez la sauce dessous les côtelettes. Pour les pommes-de-terre, il faut les peler, puis les faire frire d'une belle couleur, et les placer devant le feu jusqu'à ce que vous vous en serviez.

Pour la sauce, ajoutez du jus à celui où ont été cuites les cotelettes, et encore du *catsup*, puis passez-le.

Tranches de mouton à la Maintenon.
(Mutton cutlets à la Maintenon.)

Ayez le meilleur bout d'une longe de mouton, enlevez l'os de dessous, et coupez-le en tranches; battez, et parez-les proprement. Ajoutez-y un morceau de beurre frais, du persil, du thym et des échalottes hachées, du poivre, du sel, un peu de macis pilé, et du jus de citron. Secouez-les sur le feu jusqu'à ce qu'elles soient presque cuites, puis dressez-les sur un plat, versez le jus dessus, et lorsqu'elles sont presque froides, semez-y de la mie de pain émiettée, et enveloppez-les séparément dans du papier huilé; faites-les griller à petit feu, et servez avec une sauce à la poivrade bien chaude dans une saucière.

Tranches de mouton à l'Irlandaise.
(Svish stew.)

Prenez le filet d'un collet de mouton, enlevez l'os de dessous, et coupez le filet par tranches: assaisonnez-les de poivre, de sel, d'un peu de poudre de champignons, et de macis broyé. Mettez-les dans une casserole, ajoutez-y un gros ognon coupé par tranches, un bouquet de persil et de thym, et une chopine de bouillon de veau. Faites-les mijoter jusqu'aux trois quarts de cuisson, puis ajoutez-y des pommes-de-terre entières pelées, et faites étuver jusqu'à parfaite cuisson. Otez le persil et le thym, et servez dans un plat profond.

Fricandeaux de bœuf.
(Beef collops.)

Enlevez le filet d'une culotte de bœuf, coupez-le en petites tranches minces , et faites frire jusqu'aux trois quarts de cuisson, puis ajoutez-y des concombres marinées coupées par tranches, des petits champignons cuits à l'étuvée, des huîtres blanchies , du jus bien assaisonné, et faites étuver jusqu'à ce qu'ils soient tendres.

Filet de bœuf piqué.
(Fillet of beef larded.)

Prenez un filet ou un morceau de culotte de bœuf, farcissez et piquez-le , roulez-le comme un filet de veau, faites rôtir , glacez-en le dessus, et servez avec une sauce composée de jus, de marinade de citron, et de *catsup.* Ajoutez-y du céleri blanchi et des petits ognons; puis faites étuver jusqu'à ce qu'il soit tendre , et servez avec la sauce dans le plat.

Palais de bœuf.
(Beef palates.)

Echaudez et nettoyez bien vos palais , et faites - les bouillir jusqu'à ce qu'ils soient tendres. Lorsqu'ils sont rafraîchis, roulez-les avec une farce dedans, et liez-les avec des fils; faites les étuver aussi blancs que possible, et servez-les avec une sauce composée de jambon , de poitrine de volaille, de concombres marinés, et de jus roux ou blanc bien assaisonné. Il faut couper le jambon , etc. et en très-petits morceaux carrés.

Tranches de veau piquées.
(Veal cutlets larded.)

Coupez le filet d'un collet de veau en tranches, en laissant seulement une partie de l'os long; puis piquez, et faites les blanchir et étuver. Égouttez et séchez-les, dressez-les autour d'un plat, et versez au milieu, de la sauce aux truffes vertes, ou de la sauce blanche aux champignons.

Longe de veau à la créme.
(Loin of veal à la crême.)

Prenez le meilleur bout d'une longe de veau, coupez-le par les joints, et ôtez un peu de graisse du rognon; aplatissez votre veau, puis enlevez un morceau du dessus d'environ trois pouces de profondeur, sur six pouces de longueur. Hachez ce morceau, ajoutez-y de la graisse ou de la moëlle de bœuf, du persil, du thym, des truffes vertes, des champignons, des échalotes, de l'écorce de citron, le tout haché très-menu, et assaisonnez de poivre, de sel, et d'un peu de piment broyé. Mettez tout cela dans un mortier de marbre, ajoutez-y deux jaunes d'œufs et un peu de pain mollet trempé dans de la crême, pilez bien, et remplissez de cette farce le creux que vous avez fait dans votre veau; couvrez avec un morceau de coiffe de veau, liez serré, enveloppez le tout d'un grand morceau de coîffe, faites rôtir doucement, et lorsque vous aller servir, ôtez l'envelope, faites roussir un peu, glacez légèrement, et servez avec une sauce blanche dessous.

Vous pouvez arranger de la même manière, un filet de veau, au lieu de vous servir d'une farce ordinaire.

Tripes frites.
(To fry tripe.)

Ayant préparé proprement vos tripes, coupez-les par petits morceaux, trempez-les dans une pâte légère, et faites-les frire d'une belle couleur dans du saindoux bouillant. Elles sont bien bonnes enduites de jaunes d'œufs, saupoudrées de mie de pain émiettée et de persil haché, et puis frites. De l'une ou l'autre manière vous pouvez y ajouter des ognons frits, à votre volonté.

Abattis d'oie à l'étuvée.
(To stew giblets.)

Echaudez deux abattis d'oies, coupez-les par morceaux un peu petits, parez-les proprement, et lavez-les. Essuyez-les bien, mettez-les dans une casserole avec un demi-setier de bouillon, faites mijoter à petit feu jusqu'à plus de moitié cuisson, puis ajoutez-y du bon jus bien assaisonné, et faites encore étuver jusqu'à entière cuisson.

Ce plat est bien meilleur en y ajoutant avec le jus, des petits pois cuits à l'eau.

Poulet grillé.
(To boil chicken.)

Fendez le poulet le long du dos, ouvrez-le, assaisonnez de poivre et de sel, et faites griller sur un feu vif. Servez avec une sauce aux champignons, rousse ou blanche.

Vous pouvez apprêter de la même manière, des pigeons ou autres oiseaux.

Fraise d'agneau.
(To dress a lamb's fry.)

Echaudez-la pendant quelques minutes, puis égouttez et essuyez jusqu'à ce qu'elle soit bien propre et bien sèche. Enduisez-la de jaunes d'œufs, roulez-la dans de la mie de pain émiettée, faites-la frire sur un feu vif, dans beaucoup de sain-doux bouillant, de manière à ce qu'elle soit croquante, et servez avec beaucoup de persil frit dans le plat.

Tête et fressure d'agneau.
(To dress a lamb's pluck and head.)

Après avoir dépouillé et fendu une tête d'agneau, ôtez la partie noire des yeux, lavez et nettoyez bien la tête, puis faites-la bouillir jusqu'à ce qu'elle soit tendre. Lavez et nettoyez la fressure, ôtez-en le fiel, et faites-la bouillir séparément jusqu'à ce qu'elle soit presque cuite, puis hachez-la. Prenez environ un demi-setier de son bouillon, épaississez-le d'un peu de beurre et de farine, ajoutez-y un peu de *catsup*, de vinaigre, de sel, et de poivre. Mettez-y la cervelle et le hachis, et faites étuver un peu. Cela faisant, enduisez la tête de jaunes d'œufs ; soupoudrez de mie de pain émiettée et de persil haché, et faites-la rissoler à la pelle rouge, ou dans un four de campagne. Servez avec le hachis versé autour. Vous pouvez assaisonner et faire griller le cœur, au lieu de le hacher, à votre volonté.

Manière de curer les jambons, le lard, la machoire de cochon, et le petit salé.

(To cure hams, bacon, pig's cheek and pickled pork.)

Pour un jambon de dix livres, prenez une once et demie de salpêtre, deux onces de sel gris, une livre de sel ordinaire, et une demi-livre de cassonade. Mêlez ces ingrédiens ensemble, et frottez-en bien le jambon etc. Laissez séjourner pendant trois semaines, en le retournant quelquefois, puis mettez-le sécher à la fumée.

Pour le petit salé il faut omettre la cassonade.

Manière de curer les langues.

(To cure tongues.)

Pour une langue de moyenne grosseur prenez une once de salpêtre, deux onces de cassonade, et une livre de sel. Frottez-en bien la langue, et laissez séjourner pendant deux ou trois semaines, en la retournant quelquefois. Vous pouvez alors la sécher, ou vous en servir de suite.

CHAPITRE V.

DIFFÉRENTES MANIÈRES D'ACCOMMODER LE POISSON.
(*DIFFERENT WAYS OF DRESSING FISH.*)

Poisson cuit à l'eau.
(To boil fish.)

Pour les gros poissons , la règle générale est de les mettre dans de l'eau modérément chaude ; on met les petits poissons dans de l'eau bouillante.

Beaucoup de sel, et parfois un peu de vinaigre aident à donner de la fermeté au poisson.

Il faut toujours l'enlever de l'eau au moment où il est cuit à point. Si vous ne pouvez pas le servir de suite , vous pouvez le tenir chaud au bain-marie , couvert d'un linge. C'est encore un désavantage, mais pas aussi grand que celui de le laisser dans l'eau.

Il y a des poissons qui sont cuits lorsque l'eau bout , en supposant que vous les y mettez lorsqu'elle n'est que modérément chaude ; d'autres demandent quelques mi-nutes de plus.

Saumon cuit à l'eau.
(To boil salmon.)

Mettez-le dans de l'eau modérément chaude , en y ajoutant d'abord suffisamment de sel ; faites bouillir

6

doucement. Un petit morceau sera assez cuit dans **vingt** minutes. Des éperlans frits sont bien bons dressés à l'entour du saumon. Il faut servir avec une sauce **au** homard , aux chevrettes ou aux anchois.

Tranches de morue fraîche cuites à l'eau.
(To boil slices of cod.)

Mettez dans l'eau assez de sel pour la rendre presque saumâtre. Faites-la bouillir vivement , et lorsqu'elle bout, mettez-y la morue. Retenez-la toujours bouillante, et écumez bien. Il faut environ huit minutes de cuisson. Vous pouvez faire frire quelques petites tranches et les servir à l'entour. Servez avec une sauce aux huîtres , aux chevrettes ou aux anchois.

Tranches de raie cuites à l'eau.
(To boil crimped skate.)

Faites cuire comme dans l'article précédent. Des petits morceaux seront cuits dans environ quatre minutes. Servez avec la sauce que vous voudrez.

Harengs frais cuits à l'eau.
(To boil herrings.)

Mettez-les dans de l'eau bouillante , et faites-les bouillir environ huit ou dix minutes. Servez avec une sauce aigre à l'hollandaise : voyez l'article.

Maquereaux cuits à l'eau.
(To boil mackerel.)

Mettez-les dans de l'eau modérément chaude , et ils seront assez cuits dans deux ou trois minutes après qu'elle bout. Servez-les avec du fenouil et du beurre , et des groseilles de maquereau vertes.

POISSON GRILLÉ.
(*TO BROIL FISH.*)

Après avoir lavé vos poissons , séchez-les bien dans un linge propre , puis saupoudrez-les de farine. Mettez le gril sur le feu , et lorsqu'il est chaud , frottez-le avec un morceau de graisse de bœuf crue. Faites griller les poissons sur un feu très-clair, à une distance telle, qu'ils ne brûlent pas. Servez-les au moment où ils sont cuits. Il ne faut pas retourner le poisson plusieurs fois comme la viande , autrement il tomberait en morceaux : seulement lorsqu'il est cuit d'un côté , retournez-le avec soin.

Truites grillées.
(To broil trout.)

Ouvrez-les le long du ventre , videz et séchez-les , assaisonnez de poivre et de sel , et faites griller doucement. C'est une des meilleures manières d'accommoder ce poisson. Vous pouvez aussi les faire griller sans les vider ; il y a des personnes qui préfèrent cette manière comme conservant plus les sucs du poisson.

Harengs frais grillés.
(To broil herring.)

Ouvrez-les le long du ventre , videz-les , enlevez la grande arrête , laissez la laite. Couchez-les par deux ensemble ; du côté de l'intérieur , assaisonnez-les de poivre et de sel ; ôtez-leur la tête , et faites-les griller.

Melettes grillées.
(To broil sprats.)

Essuyez-les proprement sans les laver ; embrochez-en plusieurs sur la même brochette que vous passerez par les têtes , pour les retourner plus facilement , et faites griller.

Tranches de saumon grillées.
(To broil slices of salmon.)

Après avoir lavé votre saumon , essuyez-le bien , en-duisez les tranches d'huile d'olive par le moyen d'un pinceau à soies douces , assaisonnez de poivre et de sel , enveloppez-les proprement dans du papier blanc , et faites griller sur un feu clair.

Rougets grillés.
(To broil red mulets.)

Préparez-les comme il est dit ci-dessus , mais ne les videz pas. Faites-les griller avec soin.

Merlans grillés.
(To broil whitings.)

Voyez l'article précédent.

POISSON FRIT.
(*TO FRY FISH.*)

Lavez et essuyez les poissons pour les bien sécher. Enduisez-les de jaunes d'œufs battus , par le moyen d'un pinceau à soies douces , et saupoudrez-les bien de mie de pain émiettée très-fin. Mettez-les dans une poële à frire avec abondamment de saindoux bouillant , et faites-les frire d'une belle couleur. Ne les retournez qu'après qu'ils seront assez cuits d'un côté. Servez avec du persil frit.

Il faut passer les miettes de pain à travers un gros tamis. On n'entend pas qu'il faut ce procédé pour tous les poissons frits , mais particulièrement pour les merlans , les éperlans , les soles , les perches , les carrelets , des morceaux de merluche fraîche ou de raie , des tranches de morue fraîche , et les petites anguilles roulées.

Merlans frits.
(To fry whitings.)

Préparez-les comme il est dit ci-dessus. Donnez-leur la forme d'un cercle , en leur mettant la queue dans le bec avec une brochette ; mettez-les dans la poële le dos en-dessous , avec assez de friture pour les couvrir , et ne les retournez pas , comme ils sont plus sujets à se rompre que presque tout autre poisson.

Petits poissons plats , frits.
(To fry small flat fish.)

Ils sont bien bons frits dans une pâte légère , où vous pouvez les préparer comme il est dit ci-dessus.

Truites frites.
(To fry trout.)

Séchez-les bien devant le feu , après les avoir vidées et lavées ; saupoudrez de farine , et faites-les frire dans du saindoux d'une belle couleur. Servez avec du persil frit.

Ombres frites.
(To fry graylings.)

Préparez et faites frire comme il est dit ci-dessus, et servez de la même manière.

POISSON A L'ÉTUVÉE, etc.
(*TO STEW FISH, etc.*)

Soles à l'étuvée.
(To stew soles.)

Nettoyez de grosses soles, roulez-les, et mettez-les dans une casserole avec un peu de jus, un morceau de beurre frais, un peu de vinaigre et de jus de citron, du poivre et du sel. Faites étuver très-doucement jusqu'à parfaite cuisson. Servez avec une sauce au jus, où il y ait des petits champignons et des boulettes aux œufs.

Brochet ou esturgeon rôtis.
(To roast pike or sturgeon.)

Nettoyez bien votre poisson. Faites une farce de mie de pain émiettée, de fines herbes et de persil hachés, de câpres et d'anchois, de poivre, de sel de beurre frais et d'un œuf. Farcissez et cousez le poisson. Donnez-lui la forme d'un cercle en lui mettant la queue dans le bec, et faites rôtir doucement jusqu'à entière cuisson : il doit être d'une belle couleur. Servez avec une bonne sauce au jus. Vous pouvez aussi le faire cuire au four.

Poisson aux légumes.
(Fish dressed with végétables.)

Epluchez, lavez et hachez de l'oseille, des épinards,

des petits ognons ou des cives et du persil. Mettez-les
dans une casserole avec du beurre frais, beaucoup de
jus de citron ou d'orange amère, ou du vinaigre avec
un peu d'eau, de l'essence d'anchois et du poivre
rouge. Faites cuire doucement jusqu'à ce que les légumes soient tendres, puis mettez-y le poisson, et faites
étuver jusqu'à parfaite cuisson.

Tête de morue fraîche, à la reine Anne.
(To dress a cod's head, as in the royal kitchen of queen Anne.)

Coupez la tête de manière à ce qu'il y ait aussi un
gros morceau du corps. Faites bouillir dans de l'eau et
du sel. Ayez tout prêt une pinte de petoncles, avec la
chair de deux ou trois crâbes. Mettez-les dans une terrine avec un demi-setier de bon vin blanc, un bouquet
de fines herbes, deux ognons, un peu de macis, un peu
de muscade râpée, et du jus d'huîtres. Faites bouillir
jusqu'à ce que le jus soit réduit, puis ajoutez-y deux ou
trois très-grandes cuillerées de beurre chaud. Egouttez
bien la tête dessus un réchaud, et servez avec la sauce,
en en sortant le bouquet de fines herbes, et en ajoutant encore du beurre, s'il le faut. Servez le foie et la
laite des ceux côtés du plat.

Anguille rôtie, idem.
(To roast an eel, as in the same.)

Prenez une grosse anguille, videz, dépouillez, et
coupez-la en morceaux de quatre pouces de longueur ;
embrochez-les en travers, avec des feuilles de laurier
ou des grandes feuilles de sauge entre chaque morceau.
Servez avec du beurre battu avec du jus d'orange ou de

citron, ou du vinaigre de sureau, et de la muscade râpée ; ou servez avec une sauce au chevreuil (Voyez l'article chevreuil.), et saupoudrez de carvi et de canelle
broyés , ou de pain râpé.

Friture de beurre et d'huile, pour les poissons, idem.
(Butter and oil to fry fish in, as in the same.)

Le meilleur jus pour faire frire le poisson, est composé de beurre et d'huile d'olives, que vous aurez d'abord
bien clarifiés ensemble. Ce jus n'a ni le goût insipide de
l'huile seule, ni la couleur noire du beurre seul. Il donne
au poisson un bon goût, une couleur jaune, et le rend
croquant.

Carpe ou tanche à l'étuvée.
(To stew carp or tench.)

Écaillez et saupoudrez de farine votre poisson, et
faites-le frire dans de la graisse de rôti. Lorsqu'il est
frit, mettez-le dans une casserole avec du bon jus, de
l'essence d'anchois , un bouquet de thym , un peu de
macis , quelques cuillerées de *catsup* aux champignons,
et un petit morceau d'ognon. Ajoutez-y du bon vin rouge
ou blanc , et suffisamment de farine et de beurre pour
lier.

Morue sèche.
(To dress dried cod.)

Mettez votre morue tremper dans de l'eau pendant
six ou sept heures , puis laissez-la sur un carreau de
pierre ou de brique pendant huit heures. Mettez-la tremper dans de l'eau encore autant de temps, puis laissez-
la encore sur le carreau pendant deux heures. Brossez-

la bien avec une brosse dure, et faites bouillir doucement dans de l'eau. Quand elle sera bien cuite, elle s'en-
flera considérablement. On le sert avec une sauce
blanche aux œufs, de la moutarde, des pommes-de-
terres écrasée ou des panais.

Merluche à l'étuvée.
(Haddocks stewed.)

Prenez cinq merluches d'une grosseur moyenne. Dé-
pouillez-les, coupez-leur la tête, la queue et les nageoires. Faites étuver doucement pendant un quart d'heure
dans une pinte d'eau, avec quelques grains de poivre,
et un ognon entier. Egouttez le jus; saupoudrez les poissons de farine, et faites-les frire dans de la graisse de
rôti, ou du beurre. Faites-les étuver dans une casserole
avec le jus que vous avez égoutté, du poivre de Cayenne,
du *catsup* et de l'essence d'anchois, jusqu'à ce que la
sauce soit bien liée. Servez dans un plat profond, avec
la sauce à l'entour.

Homards à l'étuvée.
(To stew lobsters.)

Ayant fait cuire à l'eau vos homards, retirez la chair des
écailles; faites cuire ces dernières dans un demi-setier
d'eau, avec un peu de macis, un peu de poivre blanc
entier et de sel, jusqu'à ce qu'elles aient rendu tout
leur suc. Égouttez ce jus, et faites-y étuver la chair des
homards, en y ajoutant un morceau de beurre roulé
dans de la farine, et de la mie de pain émiettée. Servez
chaudement.

Pâté d'anguille.
(Eel pie.)

Coupez l'anguille, après l'avoir dépouillée et vidée, en morceaux de deux pouces de longueur ; secouez-les sur le feu avec du persil et des échalotes hachés, de la muscade râpée, du poivre, du sel et du jus de citron, pendant cinq minutes. Prenez un plat profond, couvrez en le fond d'une farce légère, mettez l'anguille dessus ; couvrez avec une pâte feuilletée ; mettez au four, et après la cuisson, versez par le trou du milieu une sauce blanche, ou un bon jus.

Pâté aux huîtres.
(Oyster pie.)

Prenez une pinte de grosses huîtres ; ébarbez-les, faites-les bouillir à demi dans leur jus ; coupez-les menu, broyez-les dans un mortier, en y ajoutant des pistaches, de la moelle, des fines herbes, un ognon, des graines d'assaisonnement, du pain râpé. Mettez du beurre dessus, fermez votre pâté, et servez chaudement.

Pâté de carpe.
(Carp pie.)

Ecaillez et videz la carpe ; mettez-la tremper dans du vinaigre, de l'eau et du sel ; séchez-la en l'essuyant avec un linge, puis mettez la composition suivante dans le ventre : coupez la chair d'une anguille par petits morceaux, et ajoutez-y du pain râpé, deux œufs beurrés, un anchois haché, un peu de muscade râpée, du poivre et du sel. Ayant mêlé tout cela ensemble, mettez-le dans

le ventre de la carpe ; faites des boulettes de ces mêmes
ingrédiens ; coupez la queue et les nageoires à la carpe,
et mettez-la dans un plat profond garni au fond et aux
bords d'une pâte, avec des tranches de gros lard, et des
morceaux de beurre ; fermez le pâté, et versez-y un demi-setier de bon vin de Bordeaux avant de le mettre au
four. Servez chaudement.

Pâté de truites.
(Trout pie.)

Ecaillez et lavez vos truites ; piquez-les de morceaux
d'anguille roulés dans des épices et des herbes, avec des
feuilles de laurier saupoudrées de farine : coupez des culs
d'artichauts par tranches, et mettez-les dessus ou entre
les truites avec des champignons, des huîtres, des câpres, et des tranches de citron et de bigarade ; mettez
du beurre dessus, et fermez le pâté.

Pâté de lamproies.
(Lamprey pie.)

Assaisonnez vos lamproies de fines herbes après les
avoir nettoyées. Mettez-les dans une pâte, avec des
tranches de lime et de citron ; mettez le beurre dessus,
et fermez le pâté.

CHAPITRE VI.

MANIÈRE D'APPRÊTER LES LÉGUMES.
(*VEGETABLES.*)

Tous les ustensiles qui servent à apprêter les légumes doivent être tenus avec une extrême propreté ; et si vous vous servez quelquefois de vaisseaux de cuivre, il faut qu'ils soient toujours bien étamés.

Il faut toujours enlever l'écume à mesure qu'elle se produit.

Vous devez toujours enlever le couvercle aussitôt que les légumes commencent à bouillir, pour donner accès à l'air.

Pommes-de-terre cuites à l'eau.
(To boil potatoes.)

Lavez-les bien proprement, mais ne les pelez pas ; mettez-les sur le feu dans de l'eau froide, seulement en quantité suffisante pour les couvrir : lorsque les peaux commencent à crever, versez l'eau et passez les pommes-de-terre sur un petit feu pour les sécher, mais de sorte qu'elles ne brûlent pas : pour celles de grosseur moyenne, il faut environ un quart d'heure de cuisson, à compter du temps où l'eau commence à bouillir : il suffit après cela de dix minutes pour les faire sécher ; ôtez les peaux en les frottant d'un linge grossier, ou servez sans les ôter, à votre volonté.

Pommes-de-terre écrasées.
(To mash potatoes.)

Faites cuire à l'eau des pommes-de-terre farineuses, puis écrasez-les bien fin et passez-les à travers une passoire. Prenez un morceau de beurre et un peu de sel, que vous mettrez dans du lait ou de la crême qui soit assez chaude pour faire fondre le beurre ; versez cela dans les pommes-de-terre, et remuez le tout bien sur le feu pendant quelques minutes ; puis mettez-le dans un plat ; arrangez-le qu'il soit bien uni, et donnez-lui de la couleur avec la pelle rouge ou le four de campagne.

On les met aussi quelquefois dans des tasses pour leur donner une autre forme ; puis on les sort, on les dore avec des jaunes d'œufs, et on leur donne de la couleur de la même manière.

Pommes-de-terre rôties.
(To roast potatoes.)

On les rôtit dans les cendres sans en ôter la peau : les cendres ne doivent pas être assez chaudes pour les brûler.

On peut aussi les rôtir dans un four de campagne, dans une chaleur modérée.

Navets cuits à l'eau.
(To boil turnips.)

Il ne faut pas ôter la peau aux jeunes navets, seulement à ceux qui ont atteint leur maturité : s'ils sont gros, fendez-les en moitiés dans le sens de la largeur ;

mais s'ils sont petits ; laissez-les entiers ; mettez-les dans de l'eau bouillante, et lorsqu'ils sont assez tendres pour admettre aisément une fourchette, retirez-les, égouttez et servez.

Navets écrasés.
(To mash turnips.)

Pelez et faites cuire comme dans l'article précédent : lorsqu'ils sont tout-à-fait tendres, égouttez et écrasez-les bien fin dans un vase avec une euillère ; ajoutez-y un peu de sel et assez de crême ou de lait pour les humecter modérément ; passez-les sur le feu dans une casserole jusqu'à ce qu'ils soient bien chauds, mais ne les laissez pas brûler.

Vous pouvez les faire cuire dans le pot avec du bœuf, du mouton, ou de l'agneau ; mais ils sont meilleurs cuits séparément.

Carottes cuites à l'eau.
(To boil carrots.)

Il faut les bien laver et brosser, et prendre bien garde qu'il n'y reste rien de gâté : il ne faut pas y mettre beaucoup d'eau ; on les y met ordinairement lorsqu'elle bout : pour les grosses il faut deux heures de cuisson. Lorsque vous les enlevez de l'eau, ôtez-en la peau avec un linge grossier qui soit propre, et servez-les coupées en tranches ou entières, à votre volonté.

Elles ont meilleur goût cuites avec du bœuf ou du mouton.

Panais cuits à l'eau.
(To boil parsnips.)

Lavez-les bien, et faites cuire de la même manière

que les carottes; mais il leur faut moins de temps : une heure et quart suffit pour un gros panais; enlevez-en la peau avec un linge grossier, et servez-les coupés en tranches ou entiers.

Panais écrasés.
(To mash parsnips.)

Faites-les cuire à l'eau comme dans l'article précédent, et quand ils sont assez tendres pour admettre aisément une fourchette, enlevez-les et ôtez-leur la peau. Ratissez-les dans une casserole, en y ajoutant du lait nouvellement trait ou de la crème suffisamment pour les rendre d'une bonne consistance, et remuez-les sur le feu, en ayant soin de ne pas les laissez brûler. Mettez-y un morceau de beurre et du sel, et servez.

Choux cuits à l'eau.
(To boil cabbages.)

Enlevez les feuilles extérieures de votre chou, et laissez-le dans de l'eau froide. S'il est petit, coupez-le en deux, s'il est gros, en quatre ; mettez-le dans beaucoup d'eau bouillante, où il y ait du sel, et semez encore un peu de sel sur le chou. Faites bouillir toujours à grand feu, et lorsque la cuisson est à moitié opérée, enlevez le chou, mettez-le de suite dans une autre casserole d'eau bouillante, et faites bouillir toujours à grand feu jusqu'à ce que le trognon soit tout-à-fait tendre. Egouttez, et servez avec une sauce blanche.

Choux verts, cuits à l'eau.
(To boil coleworts.)

Épluchez et lavez-les très proprement. Faites-les cuire

dans beaucoup d'eau avec du sel, et changez l'eau comme il est dit ci-dessus pour les choux. Laissez-les bien cuire, puis égouttez et servez avec une sauce blanche.

Rejetons de choux, cuits à l'eau.
(To boil sprouts.)

Épluchez et lavez-les très-proprement. Egouttez-les, puis mettez-les dans de l'eau bouillante en y jetant du sel, et semez-en encore un peu sur les rejetons. Faites cuire toujours à grand feu, et enlevez l'écume à mesure. Lorsque les trognons sont bien tendres, égouttez tout de suite les rejetons, autrement ils perdraient et leur goût et leur couleur. Mettez-les sur le plat avec une fourchette, comme elle ne les casse pas, comme une cuillère.

Brocoli cuit à l'eau.
(To boil brocoli.)

Ne laissez du trognon que ce qui deviendra tendre dans la cuisson. Otez-en les feuilles, mais non pas les petites branches. Après avoir bien lavé votre brocoli, mettez-le dans de l'eau bouillante avec du sel, et faites cuire toujours à grand feu. Aussitôt que le trognon est bien tendre, la cuisson est opérée. Enlevez le brocoli avec une spatule, pour que les têtes ne cassent pas.

Le brocoli se cuit le mieux dans une terrine profonde, comme les têtes s'y couchent de manière à ne pas casser.

On le sert quelquefois sur une rôtie, en versant de la sauce blanche dessus.

Asperges cuites à l'eau.
(To boil asparagus.)

Otez-en assez du bout blanc pour qu'il reste des as-

perges environ six pouces. Ratissez ce qui reste du blanc,
de manière à ce qu'il soit très-propre, et jetez les asperges à mesure dans de l'eau fraîche. Après les avoir lais-
sées tremper pendant quelque tems, faites-en de petites
bottes, mettez-les dans de l'eau bouillante, et faites
cuire toujours à grand feu. Lorsque les têtes en sont
tendres, ce qu'on peut savoir en essayant avec une petite
fourchette, enlevez de suite les asperges, autrement les
têtes se détacheront. Ayez tout prêt une rôtie, que vous
tremperez dans leur eau, puis mettez-la sur un plat, et
mettez les asperges dessus, les bouts blancs tournés en
dehors. Versez de la sauce blanche sur les têtes, et servez.

Chou-fleurs cuits à l'eau.
(To boil cauliflowers.)

Coupez-en le trognon tout près la tête, et laissez
tremper le chou-fleur pendant au moins une heure dans
de l'eau fraîche, pour le nettoyer. Mettez-le dans de l'eau
bouillante, ou dans de l'eau et du lait ; faites cuire toujours à grand feu, et enlevez l'écume à mesure. Lorsque
le trognon est bien tendre, ce que vous pouvez savoir
en essayant avec une fourchette, enlevez et égouttez le
chou-fleur, toujours avec soin afin qu'il ne casse pas.
Servez-le séparément sur un plat, et de la sauce blanche
dans une saucière.

Petits pois cuits à l'eau.
(To boil green peas.)

Il ne leur faut pas plus d'eau que ce qui suffit pour les
couvrir. Il faut qu'elle soit bouillante, lorsque vous les y
mettez ; vous y mettrez en même temps quelques brins de

menthe liés ensemble : faites cuire toujours à grand feu ;
il faut qu'ils soient bien cuits. Egouttez-les, et servez,
soit avec un morceau de beurre que vous mettrez dans
le plat, soit avec de la sauce blanche dans une saucière;
garnissez le plat des brins de menthe, comme il y a
beaucoup de personnes qui les mangent avec les pois.

Féves de marais cuites à l'eau.
(To boil beans.)

Prenez des fêves de marais fraîchement écossées : il
leur faut beaucoup d'eau ; mettez-les-y lorsqu'elle est
bouillante, et en même temps du sel et un bouquet de
persil. Faites cuire toujours à grand feu ; qu'elles soient
bien cuites ; le moyen le plus sûr de savoir quand elles
sont assez cuites, c'est d'en goûter une. Egouttez-les,
garnissez le plat avec le persil haché, et servez avec une
sauce blanche dans une saucière.

Haricots verts cuits à l'eau.
(To boil french beans.)

Épluchez et coupez-les en longueur, ensuite en largeur.
Mettez-les dans beaucoup d'eau bouillante avec du sel,
et faites cuire toujours à grand feu jusqu'à ce qu'ils
soient bien tendres. Égouttez-les, et servez sur un plat
avec de la sauce blanche dans une saucière.

Artichauts cuits à l'eau.
(To boil artichokes.)

Enlevez-en les queues tout près de la tête ; mettez les
artichauts de suite dans de l'eau fraiche jusqu'à ce qu'ils
soient bien nettoyés. Mettez-les dans une casserole d'eau

froide. Ceux de grosseur moyenne demandent une heure de cuisson après l'ébullition commencée. Vous saurez quand ils sont assez cuits, en en retirant une feuille. Si elle se détache aisément, ils sont assez cuits. Servez-les avec autant de petites tasses de sauce blanche qu'il y a d'artichauts.

Betterave cuite à l'eau.
(To boil red beet-root.)

Lavez-la bien, et mettez-la dans une casserole d'eau fraîche. Une grosse racine demande une heure et demie de cuisson après l'ébullition commencée. Servez-la chaude avec de la sauce blanche ; ou bien froide, avec du vinaigre ; ou mettez-la dans une salade.

Artichauts de Jérusalem.
(Jerusalem artichokes.)

Faites-les cuire à l'eau de manière à ce qu'ils soient assez cuits sans être trop tendres ; mettez-les dans de l'eau bouillante. Servez avec une sauce blanche dans une saucière.

Rejetons de navets.
(Turnips tops.)

Ce sont les rejetons qui poussent au printemps des racines de l'année précédente. Faites cuire comme les rejetons de choux : ils sont très-bons pour purifier le sang et les humeurs.

Betterave cuite à l'étuvée.
(To stew beet-root.)

Mettez de la betterave dans un four modérément chaud, et laissez-l'y jusqu'à ce qu'elle soit bien tendre.

Lorsqu'elle est froide, ôtez-en la peau, coupez la racine en tranches, trempez-les un moment dans du vinaigre, et mettez-les dans un vase avec assez de jus roux pour faire une bonne sauce. Faites cuire doucement à l'étuvée jusqu'à ce qu'elle soit bien tendre. Il ne lui faudra guère plus d'une demi-heure de cuisson. Avant de servir, vous pouvez ajouter, si vous voulez, deux ou trois cuillerées de crème, ou quelques cuillerées de vinaigre. Vous pouvez lui donner de la couleur en y ajoutant quelques cuillerées de jus extrait de la racine crue, en la broyant dans un mortier de marbre, ou quelques graines de cochenille en poudre.

Concombres à l'étuvée.
(To stew cucumbers.)

Pelez un gros concombre, coupez-le en tranches épaisses, et faites-les frire avec un ognon coupé aussi par tranches dans du beurre jusqu'à ce qu'elles aient pris une belle couleur. Couchez-les sur une feuille de papier spongieux pour égoutter, puis mettez-les dans un vase avec du jus, un gros de macis, un peu de poivre et de sel, et faites cuire doucement. Vingt minutes à une demi-heure suffisent pour la cuisson. Sortez les tranches du vase : épaississez le jus avec un morceau de beurre roulé dans de la farine, et versez-le sur le concombre.

Autre manière plus simple.
(A plainer way.)

Pelez un concombre et coupez-le en longueur, et en largeur. Mettez-le dans une terrine avec de l'ognon coupé par tranches, un peu de poivre, du sel et un morceau de beurre. Faites cuire très-doucement à l'étuvée jusqu'à parfaite cuisson : puis sortez-le, épaississez le jus avec un peu de farine, et versez-le sur le concombre. Si le jus a beaucoup diminué pendant la cuisson, ajoutez-y quelques cuillerées de crême au lieu de farine. Comme tous les concombres n'ont pas également du jus, cette diminution peut arriver sans qu'il y ait de la faute du cuisinier.

Petit pois à l'étuvée.
(To stew green peas.)

A un litron de petits pois ajoutez un litre de jus, deux ou trois morceaux de sucre, du poivre et du sel. Faites cuire doucement jusqu'à ce que les pois soient bien tendres ; et si le jus n'est pas assez épais, ajoutez-y un morceau de beurre roulé dans de la farine. Si les pois sont vieux, faites-les bouillir à-demi dans de l'eau, avant de les faire cuire à l'étuvée. Qu'ils soient vieux ou non, il faut que le jus soit fort.

Une autre manière plus douce.
(A milder way.)

Mettez un demi-litron de petits pois dans une terrine, avec très-peu d'eau et deux jeunes laitues hachées menu. Faites cuire doucement à l'étuvée jusqu'à ce que les pois soient tendres, puis ajoutez-y quatre cuillerées de crême, un morceau de beurre, et deux jaunes d'œufs. Remuez le tout sur le feu pendant un peu de temps, mais ne le laissez pas bouillir. Avant de servir, ajoutez-y un peu de sel.

Autre manière.
(Another way.)

Prenez un litron de petits pois, un petit ognon coupé

en tranches , deux laitues pommées , hachées menu , et un ou deux brins de menthe. Mettez dans une terrine , en y ajoutant du sel , un peu de poivre et de macis , et un demi-setier d'eau. Faites cuire doucement à l'étuvée pendant vingt minutes , puis mettez-y un quarteron de beurre roulé dans de la farine, et une cuillerée de *catsup* de champignons. Tenez toujours la terrine sur le feu jusqu'à ce que les pois soient bien tendres , en les remuant , mais toujours à petit feu.

Épinards à la créme.
(Stewed spinage with cream.)

Faites cuire des épinards à l'eau jusqu'à ce qu'ils soient assez cuits ; puis débarrassez-les entièrement de l'eau en les pressant , et mettez-les dans une terrine avec un morceau de beurre et du sel. Remuez-les sur le feu jusqu'à ce que le beurre soit fondu et mêlé; puis ajoutez-y de la crème suffisamment pour les épaissir modérément; secouez-les pendant une ou deux minutes sur le feu , puis servez sur des rôties.

Épinards au jus.
(Stewed spinage with gravy.)

Epluchez et lavez bien vos épinards , et mettez-les dans une terrine avec quelques cuillerées d'eau et un peû de sel. Faites-les cuire à l'étuvée jusqu'à ce qu'ils soient tendres , en secouant la terrine très-souvent pour empêcher qu'ils ne brûlent. Lorsqu'ils sont assez cuits , mettez-les égoutter dans un tamis, et pressez-les un peu ; Battez-les bien , puis retournez-les dans la terrine en y ajoutant du jus , du poivre , du sel et un morceau de beurre. Laissez-les cuire environ un quart d'heure , en les remuant souvent. Servez-les sur un plat, soit seuls , soit avec des œufs pochés dessus.

Épinards à l'oseille.
(Stewed spinage with sorrel.)

Prenez des épinards et de l'oseille dans la proportion de trois parties d'épinards pour une d'oseille. Epluchez et lavez-les bien , hachez-les un peu , et mettez-les dans une terrine, avec deux ou trois cuillerées d'eau. Remuez-les toujours sur le feu jusqu'à ce qu'ils commencent à devenir tendres et liquides. Puis laissez-les cuire à très-petit feu pendant une heure au plus , en les remuant de temps en temps. Epaississez-les avec un peu de farine. Lorsqu'ils sont bien cuits, ajoutez-y du poivre et du sel , et servez.

C'est une excellente sauce pour toutes espèces de viandes, et pour les pommes-de-terre. On peut la prendre avec presque toutes espèces de légumes froids. Il faut mettre les légumes dedans vers la fin de la cuisson pour leur donner le temps de chauffer , et les mêler bien avec les épinards avant de les servir.

Oseille cuite à l'étuvée.
(To stew sorrel.)

Epluchez et arrangez l'oseille seule, de la même manière qu'il est dit ci-dessus pour les épinards à l'oseille.

Ceci est une très-bonne sauce pour le maquereau, ou pour tout ce qu'on mange ordinairement avec une sauce acide.

Chou rouge cuit à l'étuvée.
(To stew red cabbage.)

Enlevez-en toutes les feuilles extérieures , puis hachez-le menu et lavez-le bien. Ajoutez-y un ou deux ognons , suivant la grosseur , coupés en tranches minces , du poivre et du sel , et faites cuire le tout à l'étuvée , avec du jus , jusqu'à ce qu'il soit très-tendre. Quelques minutes avant de servir , épaississez-le avec un morceau de beurre roulé dans de la farine , et ajoutez-y du vinaigre à votre goût.

Autre manière.
(Another way.)

Épluchez, hachez et lavez le chou comme il est dit ci-dessus ; puis mettez-le dans une terrine avec un morceau de beurre , du poivre , un peu de piment lié dans un morceau de mousseline , du sel , un ognon et un poisson d'eau ; faites cuire doucement à l'étuvée jusqu'à parfaite cuisson ; puis ôtez l'ognon et le piment ; ajoutez une cuillerée ou deux de vinaigre , et servez.

Brocoli , ou chou-fleur à la crême.
(Brocoli or cauliflower, in cream.)

Faites cuire à l'eau jusqu'à ce qu'il soit presque cuit , puis égouttez-le. Pour un poisson de bon jus , prenez une cuillerée de vinaigre ; mettez ce mélange sur le feu , et lorsqu'il est chaud , mettez-y votre brocoli ou chou-fleur ; sortez-le lorsqu'il est cuit , ce qui demandera environ dix minutes ; puis ajoutez à la sauce deux jaunes d'œufs et un poisson de crême ; faites lier pendant quelques minutes sur le feu , puis versez le chou et servez.

Cardons d'Espagne, cuits à l'étuvée.
(Stewed cardoons.)

Coupez-les en morceaux dont la longueur n'excède pas cinq ou six pouces ; enlevez-en la peau extérieure, lavez et échaudez-les ; mettez-les dans une terrine avec assez de jus pour les couvrir, et laissez cuire jusqu'à ce qu'ils soient presque cuits et que le jus soit presque consommé ; ajoutez-y encore du jus en petite quantité, et faites cuire toujours doucement jusqu'à ce qu'ils soient tout-à-fait tendres ; servez-les avec des petites rôties sur les bords du plat ; s'il faut de l'assaisonnement au jus, ajoutez-y du sel et du poivre de Cayenne.

Cardons d'Espagne frits.
(To fry cardoons.)

Faites-les bouillir à demi dans de l'eau et du sel ; séchez-les bien, et trempez-les dans du saindoux clarifié, et faites frire d'une belle couleur.

Haricots verts à la crême.
(French beans with cream.)

Épluchez-les s'il le faut, et coupez-les en quatre ; faites-les cuire dans beaucoup d'eau avec du sel jusqu'à ce qu'ils soient un peu plus que moitié cuits, puis égouttez-les bien ; battez trois jaunes d'œufs avec un poisson de crême ; ajoutez-y deux onces de beurre frais ; mettez ce mélange dans une terrine, et posez-la sur un petit feu : lorsqu'il est chaud, mettez-y les haricots avec une cuillerée de vinaigre, et faites-les mijoter jusqu'à ce qu'ils soient bien tendres, en remuant le mélange pour l'empêcher de tourner ou de brûler.

Haricots verts au jus.
(French beans with gravy.)

Voyez l'article précédent , mais au lieu des œufs et de la crème, mettez un demi-setier de jus; ne vous servez que d'une once de beurre, que vous roulerez dans de la farine, et ne l'y mettez que pour lier le tout après que vous y aurez mis les haricots : il n'y faut pas de vinaigre, mais vous pouvez y ajouter du poivre de Cayenne et du sel.

Chicorée à l'étuvée.
(To stew endive.)

Enlevez d'abord toute la partie verte ; puis lavez et coupez-la en morceaux, et faites bouillir jusqu'à ce qu'elle soit moitié cuite ; égouttez-la bien, hachez-la un peu , mettez-la dans une terrine avec un peu de jus fort, et faites cuire jusqu'à ce qu'elle soit tout-à-fait tendre ; assaisonnez de poivre et de sel, et servez-la en sauce pour toutes espèces de rôtis, ou avec des pommes-de-terre.

Artichauts de Jérusalem, à l'étuvée.
(To stew Jerusalem artichokes.)

Lavez, pelez et fendez en deux vos artichauts; faites-les cuire dans une casserole avec une petite quantité de jus jusqu'à ce qu'ils soient presque cuits et que leur jus soit presque consommé; puis ajoutez-y de la crème, un morceau de beurre roulé dans de la farine et un peu de sel; le tout proportionné au nombre des artichauts, et faites-les cuire doucement pendant dix minutes : servez avec des petites tranches de pain frites.

Céleri à l'étuvée.
(To stew celery.)

Enlevez-en toutes les feuilles extérieures, et coupez-en toutes les sommités, assez bas pour qu'il n'en reste que la meilleure partie : s'il est très-gros, vous pouvez le fendre en deux; mettez-le dans une terrine avec assez de jus pour le couvrir, et faites cuire doucement jusqu'à ce qu'il soit tout-à-fait tendre : il est probable qu'alors le jus sera à peu près consommé; ajoutez-en encore un peu avec un morceau de beurre roulé dans de la farine, du poivre et du sel; laissez-le mijoter encore pendant dix minutes, et servez.

Céleri à la créme.
(To stew celeri white.)

Épluchez-le comme il est dit ci-dessus, mais faites-le cuire dans du bouillon au lieu de jus; et lorsqu'il est tendre, mettez-y plein une demi-tasse de crème, un morceau de beurre enfariné, un peu de sel et de muscade; laissez mijoter pendant dix minutes, et servez.

Carottes à l'étuvée.
(To stew carrots.)

Faites bouillir à demi vos carottes; enlevez-en la peau avec un linge; coupez-les en longueur et en largeur, ou bien coupez-les par tranches, et mettez-les dans une terrine avec quelques cuillerées de bouillon clair, autant de crème, du poivre et du sel; faites étuver doucement jusqu'à ce qu'elles soient très-tendres, mais pas assez pour qu'elles cassent; ajoutez-y un petit

morceau de beurre enfariné environ dix minutes avant
de les servir.

Carottes au jus.
(To stew carrots with gravy.)

Voyez l'article précédent, mais faites-les cuire dans
du jus au lieu de bouillon et de crème ; assaisonnez de
poivre de Cayenne et de sel, puis suivez le même procédé que dans l'article précédent.

Panais à l'étuvée.
(To stew parsnips.)

Faites-les cuire dans du lait et de l'eau, ou du lait
seul, jusqu'à ce qu'ils soient un peu plus que moitié
cuits ; coupez-les en longueur et en largeur, ou bien en
tranches ; faites étuver doucement avec du bon jus, assaisonné de poivre et de sel ; ajoutez-y, cinq minutes
avant de servir, un morceau de beurre enfariné.

Panais à la crème.
(To stew parsnips white.)

Arrangez et faites cuire comme dans l'article précédent ; seulement, au lieu de jus, servez-vous de bouillon et de crème en quantités égales.

Culs d'artichauts à l'étuvée.
(Stewed artichoke bottoms.)

Faites bouillir des artichauts jusqu'à ce qu'ils soient
moitié cuits, puis ôtez-en les feuilles et le foin ; épluchez
bien les culs, et faites-les étuver doucement dans du
jus avec un peu de jus de citron ou de vinaigre et de
sel, jusqu'à ce qu'ils soient tout-à-fait tendres : avant de

servir, séchez-les avec un linge, puis dressez-les dans le plat avec des petites tranches de pain rôti autour, et versez du jus fort et clair sur les culs.

Vous pouvez vous servir au besoin de culs d'artichauts séchés; mais, avant de les faire cuire, il faut les mettre tremper pendant trois ou quatre heures dans de l'eau cha██, et changer l'eau deux ou trois fois.

Pommes-de-terre à la créme ou au jus.
(Potatoes in cream or gravy.)

Faites bouillir à demi vos pommes-de-terre; égouttez, pelez et coupez-les en morceaux; mettez-les dans une terrine avec de la crème, du beurre frais et du sel; faites-les étuver doucement jusqu'à ce qu'elles soient bien cuites; mais ayez soin qu'elles ne cassent pas.

Cressons à l'étuvée.
(To stew water cresses.)

Épluchez et lavez autant de bottes de cresson qu'il vous en faut; faites-les bouillir pendant quelques minutes; égouttez et pressez-les jusqu'à ce qu'elles soient séchées; hachez-les un peu, et mettez-les dans une terrine avec du bon jus ou de la crème, du poivre et du sel; faites lier avec un morceau de beurre enfariné, s'il en faut; faites étuver doucement pendant dix ou quinze minutes; garnissez le plat de petites tranches de pain rôti ou frit, et servez.

Ognons à l'étuvée.
(To stew onions.)

Pelez quelques gros ognons; enfarinez-les modéré-

ment, et faites-les frire doucement d'une belle couleur ;
mettez-les dans une terrine avec du bon bouillon, du
poivre de Cayenne et du sel ; faites étuver à très-petit
feu jusqu'à parfaite cuisson : il leur faut environ deux
heures ; servez avec des tranches de pain rôti ou frit.
Ils sont bons avec le macaroni ou avec les pommes-de-
terre rôties ou cuites à l'eau.

Ognons rôtis.
(To roast onions.)

Faites-les rôtir, sans les peler, dans un four de campagne, en ayant soin de les retourner souvent : on les
mange comme les ognons à l'étuvée, aussi avec du
pain, du beurre frais et du sel.

Pâte liquide pour servir à faire frire certains légumes.
(Batter to use in frying certain vegetables.)

Tamisez un quarteron de farine ; ajoutez-y un peu
de poivre et de sel, trois jaunes d'œufs, et plein une
demi-tasse de bière ; battez bien cette pâte : elle doit
être d'une bonne consistance, autrement elle ne s'atta-
chera pas bien aux légumes.

Il faut mettre les légumes dans la pâte, les en retirer
par un morceau à la fois, et les faire frire d'une belle
couleur dans du saindoux, puis les égoutter, et servir.

Voici la manière dont vous apprêterez les légumes
avant de les faire frire :

Pommes-de-terre (potatoes) : pelez et coupez-les en
tranches minces ;

Betterave (red beet-root) : faites cuire à l'eau jusqu'aux trois quarts de cuisson; puis coupez en tranches d'un demi-pouce d'épaisseur;

Carottes (carrots) : de la même manière, ou en tranches dans le sens de la longueur d'environ trois pouces;

Culs d'artichauts (artichoke bottoms) : faites-les cuire à l'eau jusqu'à ce que les feuilles et le foin se détachent aisément; parez le dessous des culs proprement, et faites-les frire, soit entiers, soit coupés en deux, suivant la grosseur;

Celeri (celery) : épluchez proprement; coupez en tranches d'environ trois pouces; faites bouillir à demi, et essuyez;

Cardons d'Espagne (cardoons) : pelez-les, puis apprêtez-les comme le céleri;

Ognons (onions) : pelez et coupez en tranches d'un peu moins d'un pouce d'épaisseur.

CHAPITRE VII.

MANIÈRE

D'APPRÊTER TOUTES SORTES DE PUDDINGS, DUMPLINGS, CRÊPES ET BEIGNETS.

(*PUDDINGS, DUMPLINGS, PANCAKES ET FRITTERS.*)

Partout il est recommandé de beurrer les bols où vous mettez vos puddings : vous pouvez vous servir de graisse de rôti, car si elle est bien préparée, elle sert aussi bien que le beurre, et ne donne jamais un goût désagréable au pudding. Il est bon de saupoudrer de farine après avoir enduit votre bol de beurre ou de graisse.

A l'égard des pâtes pour les puddings ou les dumplings de fruit, la graisse de veau crue, ou la graisse extérieure d'une longe ou d'un collet de mouton, vaut encore mieux que celle de bœuf.

Pudding simple au riz, cuit au four.
(Plain baked rice pudding.)

Prenez cinq grandes cuillerées de riz ; et après l'avoir bien lavé, mettez-le dans un plat avec une pinte de lait nouvellement trait, et du sucre à votre goût. Faites-le cuire pendant une heure et demie dans un fuor modérément chaud.

On peut y ajouter une demi-livre de pruneaux, de raisins secs, ou de raisins de Corinthe, ce qui lui donne un goût très-agréable. Il est très-bon aussi avec des fruits frais, tels que des groseilles, des groseilles à maquereau, des prunes de différentes espèces, et des pommes.

Autre manière.
(Another way.)

Faites cuire doucement le riz et le lait à l'étouffée, jusqu'à ce qu'ils soient d'une assez bonne consistance ; puis mettez-y du sucre, et laissez refroidir. Mettez au four pendant une heure. On peut y ajouter, si l'on veut, un ou deux œufs.

La première manière est préférable à celle-ci, pour les estomacs faibles ou les enfans.

Pudding simple au riz cuit à l'eau.
(Plain boiled rice pudding.)

Lavez une demi-livre de riz, liez-le dans un linge, en y conservant assez d'espace pour laisser enfler le riz, et mettez-le dans une poêle d'eau froide. Il faut deux heures pour le bien faire cuire. Lorsqu'il aura commencé à enfler, si le linge paraît n'être pas assez serré, il faut le serrer davantage. Servez avec du beurre froid ou de la sauce blanche, et du sucre en poudre.

Des fruits frais, tels que les groseilles à maquereau, les groseilles rouges, presque tous les genres de prunes, sont très-bons à mêler avec ce pudding. Il faut l'ôter de l'eau environ une demi-heure avant qu'il soit cuit ; y mêler le fruit, le lier assez serré, puis le remettre dans l'eau.

On y met quelquefois, en place des fruits frais, une demi-livre de raisins secs, après en avoir ôté les pepins, ou de pruneaux.

Boules de neige.
(Snows balls.)

Pelez des grosses pommes, et enlevez-en le cœur. Pour chaque pomme prenez une grande cuillerée de riz, et après l'avoir lavé, étendez-le sur autant de linges; mettez dans chacun une pomme, mais ne le serrez pas trop en liant, afin qu'il y ait assez d'espace pour que le riz puisse enfler. Mettez sur le feu à l'eau froide, et laissez cuire pendant deux heures. Servez avec une sauce blanche au sucre.

Autre manière.
(Another way.)

Faites bouilir le riz jusqu'à ce qu'il soit tendre : il faut que l'eau soit froide en l'y mettant; partagez-le sur des linges, mettez-y les pommes; faites-les bouillir pendant une demi-heure, ou un peu plus long-temps, si les pommes sont grosses.

Pudding de farine de riz, cuit à l'eau.
(Boiled ground rice pudding.)

Mettez sur le feu une chopine et demie de lait nouvellement trait; prenez un demi-setier de lait froid; mettez-y six grandes cuillerées de farine de riz, et mêlez bien. Lorsque le lait qui est sur le feu sera tout prêt à bouillir, versez-y ce mélange, et remuez le tout sur le feu jusqu'à ce qu'il ait une bonne consistance; puis versez-le dans un bol, et laissez rafraîchir, sans le couvri**. Lorsqu'il sera froid, ou à peu près, mettez-y du sucre, et à votre goût, quatre œufs bien battus avec un peu de sel ; faites bouillir encore une heure et demie dan sun bol bien beurré.

Pudding de farine de riz , cuit au four.
(Baked ground rice pudding.)

Mettez trois grandes cuillerées et demie de farine de riz dans un demi-setier de lait froid, et mêlez bien. Mettez sur le feu une chopine et demie de lait nouvellement trait ; et lorsqu'il sera prêt à bouillir, versez-y le riz et le lait que vous aurez mêlés, et remuez le tout sur le feu jusqu'à ce qu'il épaississe. Versez-le dans un bol sans le couvrir ; laissez refroidir, puis mettez-y du sucre à votre goût, et trois œufs bien battus avec un peu de sel. Faites cuire pendant une heure dans un four modérément chaud.

Nota. Vous pouvez faire de la même manière un pudding de farine de sagou, ou de farine de millet.

Pudding au millet, cuit au four.
(Baked millet pudding.)

Prenez quatre grandes cuillerées de millet ; lavez-le bien et mettez-le dans une pinte de lait nouvellement trait ; puis faites-le cuire à l'étouffée jusqu'à ce qu'il soit d'une assez bonne consistance. Laissez rafraîchir dans un bol, puis ajoutez-y des œufs et du sucre. Une heure au four suffira.

Autre manière.
(Another way.)

Battez deux œufs, et mêlez-les dans une pinte de lait.

Prenez quatre cuillerées de millet ; lavez-le bien, mettez-le dans un plat, et versez-y le mélange. Ajoutez-y du sucre, et mettez pendant une heure et demie au four.

Pudding à la racine de fléches-d'eau.
(Indian arrow-root pudding.)

Mêlez deux grandes cuillerées de la racine avec du lait nouvellement trait, autant qu'il en faut pour faire un mélange assez épais. Mettez une chopine de lait sur le feu, et lorsqu'il sera bien chaud, versez-le petit à petit sur le mélange en remuant. Mettez cela sur le feu pendant quelques minutes, pour qu'il épaississe, mais ne le laissez pas bouillir. Remuez-le vivement, autrement il y aura des grumeaux. Lorsqu'il sera refroidi, mettez-y du sucre à votre goût, avec trois jaunes d'œufs bien battus et un peu de sel. Faites-le cuire au four pendant une demi-heure dans une chaleur modérée. Vous pouvez aussi faire cuire ce pudding à l'eau dans un bol bien beurré. Vous pouvez aussi y ajouter de la muscade, du bon vin blanc, ou de l'écorce d'orange confite, ou tous les trois ensemble.

Pudding au tapioca.
(Tapioca pudding.)

Prenez deux onces de tapioca de la grosse espèce, et faites cuire à feu doux à l'étouffée, dans une chopine de lait jusqu'à ce qu'il soit assez épaissi. Laissez rafraîchir sans couvrir. Ajoutez-y trois œufs bien battus, avec du sel et du sucre à votre goût. Faites cuire au four pendant une heure. dans une chaleur modérée, avec une pâte aux bords du plat.

Pudding au sagou.
(Sago pudding.)

Prenez trois grandes cuillerées de sagou ; lavez-le bien, et faites cuire à l'étouffée, dans une pinte de lait, jusqu'à ce qu'il épaississe ; ayez soin qu'il ne brûle pas. Versez-le dans un bol ; mettez-y un morceau de beurre en remuant, et laissez rafraîchir. Ajoutez-y cinq jaunes et deux blancs d'œufs, du sucre, à votre gout, et deux cuillerées de bon vin blanc. Une heure au four suffira. Si vous le faites cuire à l'eau, mettez-y cinq grandes cuillerées de sagou au lieu de quatre.

On peut faire ce pudding en n'ajoutant au lait et au sagou que du sucre, et c'est encore bien bon de cette manière là ; mais alors il faut le faire cuire au four, car il ne se cuit pas à l'eau sans des œufs.

Pudding à l'hollandaise.
(A dutch pudding.)

Otez un morceau rond du fond d'un petit pain ; mettez les deux parties dans une pinte de lait nouvellement trait, et laissez-les tremper jusqu'au lendemain. Alors si le lait est tout bu, mettez-en davantage. Remettez le morceau dans le pain d'où il a été tiré ; mettez le tout dans un linge, et après l'avoir lié, faites-le cuire à l'eau pendant une heure. Servez avec du sucre, ou avec de la sauce blanche, du bon vin blanc, ou de la sauce sucrée.

Pudding au pain, cuit à l'eau.
(Plain boiled bread pudding.)

Râpez assez de pain pour en remplir une chopine ;

versez dessus une chopine et demie de lait nouvellement trait, que vous aurez bien chauffé, et laissez refroidir sans couvercle. Écrasez bien avec une cuillère ; mettez-y du sucre, à votre goût, et trois œufs bien battus avec un peu de sel. Faites-le cuire à l'eau dans un bol bien beurré, pendant cinq quarts d'heure.

Ce pudding se cuit aussi au four. Il lui faudra une heure de cuisson. Vous pouvez aussi y ajouter des fruits frais, soit que vous le fassiez cuire à l'eau, soit au four ; mais alors il y faudra un peu plus de pain.

Pudding à la hâte.
(Hasty pudding.)

Battez deux jaunes d'œufs ; mettez-y un peu de sel, et mêlez avec un demi-setier de lait nouvellement trait. Prenez quatre grandes cuillerées de farine, et délayez avec les jaunes d'œufs petit-à-petit en bien battant. Mettez sur le feu une chopine et demie de lait, et lorsqu'il sera bien chaud, versez-y le mélange, remuez-le toujours afin qu'il soit uni, et qu'il ne brûle pas, et retenez-le sur le feu jusqu'à ce qu'il épaississe ; mais il ne faut pas le laisser bouillir. Versez au moment où vous le retirez du feu, et servez avec du beurre froid et du sucre, ou du sucre seulement.

Ce pudding est très-bon sans les œufs.

Pudding à la hâte, au pain.
(Bread hasty pudding.)

Mettez sur le feu une pinte de lait nouvellement trait, et lorsqu'il sera bien chaud, mettez-y de la mie de pain râpée jusqu'à ce qu'il soit de la consistance d'un **pudding** à la hâte ordinaire. Battez deux jaunes d'œufs , mettez-y un peu de sel ; prenez quelques cuillerées du pudding et mêlez avec les jaunes d'œufs ; puis ajoutez cela au reste, et remuez le tout sur le feu pendant deux ou trois minutes. Il ne doit pas bouillir. Servèz avec du beurre froid et du sucre, ou du sucre seulement.

Ce pudding est bien bon sans les œufs. On y met quelquefois du limon confit, coupé en tranches minces : on l'y met au moment où l'on verse pour servir.

Pudding simple à la farine, cuit à l'eau.
(Plain boiled batter pudding.)

Battez bien cinq œufs, mettez-y du sel et ajoutez-y six cuillerées de farine. Délayez ce mélange dans une pinte de lait ; faites bouillir pendant deux heures dans un bol bien beurré , enveloppé dans un linge, ou une heure trois quarts dans un linge seulement. Remuez-le pendant quelques minutes après que vous l'aurez mis dans l'eau, pour empêcher que la farine ne se fixe quelque part. Si vous le faites cuire dans un bol, il faut que le bol soit renversé, afin de faire retourner la farine qui aurait pu se fixer au fond.

Les sauces dont on se sert ordinairement pour ce pudding , et en général pour les autres puddings , sont du beurre froid avec du sucre, du sucre et du vinaigre , ou bien de la sauce au vin, composée de sauce blanche , de bon vin blanc, et de sucre.

Pudding simple à la farine, cuit au four.
(Plain baked batter pudding.)

Mettez sur le feu une chopine et demie de lait nouvellement trait, jusqu'à ce qu'il soit bien chaud, puis versez-le dans un bol; mettez-y peu à peu assez de farine pour l'épaissir passablement, toujours en le remuant, et un quarteron de beurre. Ajoutez-y de la muscade râpée, du sucre, dix jaunes et cinq blancs d'œufs bien battus, et un peu de sel. Quand tout cela est bien mêlé, versez-le dans un plat beurré, et faites-le cuire au four pendant trois quarts d'heure.

En le faisant cuire dans des tasses on a de très-jolis petits puddings. Il est bien bon avec une sauce au sirop d'orange. On voit la manière de faire ce sirop dans le chapitre des conserves.

Pudding à la farine, avec du fruit, cuit au four.
(Baker batter pudding, with fruit.)

Prenez une pinte de lait, délayez-y six grandes cuillerées de farine ; ajoutez-y deux œufs, quatre grandes cuillerées de graisse de rognon de bœuf crue, hachée menu, une demi-livre de raisins de Corinthe, une cuillerée à café de gingembre râpé, et un peu de sel. Une heure et demie au four suffira, si la chaleur est assez grande.

Dans la saison des fruits, ce pudding est bien bon avec des groseilles rouges, des groseilles à maquereau, des abricots, et des pommes de toute espèce.

Le même, cuit à l'eau.
(The same, boiled.)

Battez six jaunes et trois blancs d'œufs ; mettez-y un peu de sel, et quelques cuillerées de lait nouvellement trait, prises dans une chopine de lait dont vous devez vous servir pour ce pudding. Ajoutez à ce mélange six grandes cuillerées de farine, en le battant. Délayez-y ce qui reste du lait, en le bien battant. Mettez-y le fruit, et faites bouillir pendant deux heures dans un bol bien enduit de beurre et saupoudré de farine.

Une livre de pruneaux, de raisins secs, ou de raisins de Corinthe, ou une demi-livre de chacun de ces deux derniers suffit.

Pour les fruits frais, des groseilles à maquereau, soit mûres, soit vertes, des groseilles rouges, des abricots que vous aurez fendu par moitiés, et dont vous aurez enlevé les noyaux, des pommes de plusieurs espèces, conviennent bien à ce pudding. Il faut une chopine et demie de petits fruits, et une pinte de gros.

Pudding à l'Yorkshire.
(Yorkshire pudding.)

Battez très-bien trois œufs avec un peu de sel, et mêlez-les bien avec six grandes cuillerées de farine que vous aurez délayée dans une pinte de lait, en battant bien. Enduisez de beurre une lèchefrite, versez-y ce mélange, et placez la lèchefrite sous du bœuf, du mouton, ou une longe de veau à la broche. Il lui faut une heure et demie de cuisson.

On peut faire ce pudding sans des œufs. Alors on y ajoute ordinairement une cuillerée de gingembre râpé.

Pudding à la graisse.
(Suet pudding.)

Prenez une demi-livre de farine, une demi-livre de graisse de rognon de bœuf crue, hâchée bien menu, et

une cuillerée à café de sel, délayez-y assez de lait ou
d'eau pour en faire une pâte épaisse. Faites bouillir pendant deux heures et demie dans un bol ou un linge. Vous
pouvez-y ajouter une demi-livre de pruneaux, de raisins
de Corinthe, ou de raisins secs, dont vous aurez ôté les
pepins.

Idem avec des œufs.
(The same with eggs.)

Prenez une livre de graisse de rognon de bœuf crue,
hachée trés-fin, six grandes cuillerées de farine, une
cuillerée à café de gingembre râpé, et autant de sel; délayez avec une pinte de lait et quatre œufs. Faites
bouillir pendant trois heures dans un bol bien beurré,
ou deux heures et demie dans un linge bien enfariné.

Fromentée.
(Frumenty.)

Prenez du froment, mettez-le dans une poêle d'eau
froide, un peu plus qu'il n'en faut pour couvrir le froment, et faites bouillir jusqu'à ce qu'il soit tendre. Puis
égouttez-le, et gardez-le pour vous en servir au besoin.
Lorsque vous voulez servir votre fromentée, ajoutez-y
du lait, du sucre, et de la muscade, et servez chaudement.

Dumplings à la cuiller.
(Drop dumplings.)

Prenez un demi-setier de lait, deux œufs, un peu de
sel, et assez de farine pour faire un mélange très-épais.
Ayez une casserole d'eau qui bouille à gros bouillons, et
laisser tomber dedans de ce mélange cuillerée à cuillerée.
Il faut environ trois minutes de cuisson. Mettez vos

dumplings égoutter parfaitement, et servez chaud avec du beurre froid.

Pudding à gâteau.
(Cake pudding.)

Faites fondre une demi-livre de beurre dans un poisson de lait ; laissez reposer ce mélange jusqu'à ce qu'il ne soit que tiède, puis ajoutez-y quatre œufs bien battus. deux grandes cuillerées de levûres de bière, si elle est forte, ou quatre, si elle est légère, et un peu de sel ; le tout bien mêlé ensemble. Passez le tout à travers un linge, mêlez-le légèrement avec une livre de farine, maniez-le comme un gâteau, en y ajoutant une demi-livre de raisins de Corinthe, et deux cuillerées de sucre, et mettez-le lever devant le feu. Faites cuire au four dans un plat bien beurré, et servez sur un autre plat. Il suffira d'une heure et quart de cuisson dans un four bien chaud. On peut le manger froid, et dans ce cas il est bon d'y ajouter de l'anis.

Pudding à la farine, sans œufs.
(Batter pudding without eggs.)

Délayez six cuillerées de farine dans une chopine de lait ; battez bien, et ajoutez-y un peu de sel et de gingembre râpé. Faites bouillir dans un linge pendant une heure et demie.

Ce pudding se mange très-bien froid.

Pudding au pain et à la graisse.
(Bread pudding with suet.)

Versez une chopine de lait bien chaud. sur autant de pain rassi, coupé en tranches minces, qu'il en faut pour le boire. Laissez-le découvert jusqu'à ce qu'il soit presque froid. Ecrasez le pain fin, et ajoutez-y deux grandes cuillerées de graisse de bœuf crue, hachée très-fin, une demi-livre de raisins de Corinthe, bien lavés et séchés, et deux œufs battus avec un peu de sel. Faites cuire à l'eau dans un bol bien beurré pendant une heure et quart.

Ce pudding est très-léger et très-bon sans les œufs, mais on ne le sort pas si aisement du bol. Il faut le faire plus ferme lorsque vous n'y mettez pas d'œufs. Dans ce cas on ajoute quelquefois une cuillerée de farine.

Pudding aux tartines de beurre.
(Bread and butter pudding.)

Faites des tartines de beurre minces, en quantité proportionnée à la grandeur du plat où votre pudding doit cuire. Mettez-y une couche de tartines, puis semez-y des raisins de Corinthe, et ainsi alternativement jusqu'à ce que le plat soit plein. Sur une pinte de lait, si le plat peut en contenir autant, mettez quatre œufs, ajoutez-y du sucre et de la muscade, remuez le tout bien ensemble, et versez sur les tartines. Mettez pendant une heure au four.

Pudding au flan.
(Baked custard pudding.)

Délayez quatre jaunes d'œufs bien battus, avec une chopine de lait nouvellement trait. Ajoutez-y du sucre et de la muscade. Versez ce mélange dans un plat, et mettez-y des tranches de pain. Une demi-heure au four suffira.

Pudding vert.
(A green pudding.)

Prenez un demi-setier de jus d'épinards, que vous

aurez extrait en broyant des épinards dans un mortier de marbre, et que vous aurez passé à travers un linge ; une chopine de pain râpé, un quarteron de graisse de bœuf crue, hachée fin, une demi-livre de raisins de Corinthe, trois cuillerées de crème, trois œufs, du sucre à votre goût, un peu de muscade et de sel. Mêlez le tout ensemble, et faites-le cuire à l'eau peudant deux heures dans un bol, ou dans un moule dė fer-blanc bien beurré.

Soufflés à l'allemande.
(German puffs.)

Battez six œufs, et mêlez-les bien avec quatre grandes cuillerées de farine ; ajoutez-y deux onces de beurre frais fondu, un peu de sucre, un peu de muscade, et une chopine de crême. Beurrez quelques grandes tasses, et remplissez-les à moitié avec ce mélange. Il suffit de vingt minutes de cuisson dans un four d'une chaleur ùn peu vive.

Soufflés à l'allemande, aux amandes.
(German puffs, with almonds.

Délayez un demi-setier de crême dans une grande cuillerée de farine, et un quarteron d'amandes broyées fin. Ajoutez-y une demi-livre de beurre frais fondu, huit jaunes et quatre blancs d'œufs bien battus, une cuillerée de vin de liqueur, une cuillerée d'eau de fleur d'orange, et du sucre à votre goût. Faites cuire dans des tasses bien beurrées, remplies à moitié. Il suffit d'une demi-heure de cuisson dans un four d'une chaleur vive.

Dumplings à la graisse, sans œufs.
(Suet dumplings, without eggs.)

Pour une livre de farine prenez dix onces de graisse de bœuf crue , hachée menu , une demi-livre de raisins de Corinthe bien lavés et séchés , et du sel. Mêlez ensemble , et délayez-y assez de lait ou d'eau pour en faire une pâte ferme ; faites-en des dumplings ronds assez gros , mettez-les séparément dans des linges bien saupoudrés de farine : liez-les, et faites-les cuire à l'eau pendant deux heures. Vous pouvez omettre les raisins de Corinthe , si vous le préférez.

Dumplings à la graisse, avec des œufs.
(Suet dumplings with eggs.)

Une chopine de lait , deux œufs , trois quarterons de graisse de bœuf crue , hachée fin , une cuillerée à café de gingembre râpé , et assez de farine pour en faire une pâte un peu ferme. Faites-en des dumplings ronds , roulez-les dans un peu de farine , et mettez-les dans de l'eau bouillante. Remuez doucement pendant un peu de temps pour qu'ils ne s'attachent pas les uns aux autres. S'ils sont petits , il leur suffit de trois-quarts d'heure de cuisson ; s'ils sont plus gros , il leur faut du temps en proportion. On peut les faire cuire dans des linges , ce qu'on préfère souvent , à cause que cela rend le dehors plus sec.

Dumplings à la levûre de bière.
(Light or yeast dumplings.)

Faites une pâte très-légère comme pour du pain, seulement en plus petite quantité. Quand elle aura levé le temps suffisant, faites-en des dumplings ronds assez gros ; mettez-les dans de l'eau bouillante, et laissez-les bouillir pendant vingt minutes. Servez chaudement.

De la pâte prise de chez le boulanger suffira, si l'on ne peut pas commodément la faire chez soi. Celle qu'on fait pour les petits pains convient le mieux.

On les mange avec du beurre froid seulement, ou l'on y ajoute du sucre ou du sel. Un demi-litron de pâte fera cinq gros dumplings.

Dumplings durs.
(Hart dumplings.)

Prenez de la farine et un peu de sel, faites-en une pâte assez ferme, avec du lait ou de l'eau. Faites-en des boules, et roulez-les dans un peu de farine. Mettez-les dans de l'eau bouillante ; il leur suffit d'une demi-heure de cuisson. Ils sont bien bons cuits dans le même pot avec un beau morceau de bœuf. Si vous les faites gros comme un dumpling ordinaire, et que vous fassiez cuire à l'eau avec ou sans linges, il leur faut une heure de cuisson. Servez avec du beurre froid. Vous les rendrez encore meilleurs en y mêlant des raisins de Corinthe.

Pudding tremblant, blanc.
(Quaking pudding, withe.)

Une chopine de crème délayée dans deux cuillerées de farine, et bien battue ; mettez-y cinq œufs, bien battus, un peu de sel et de sucre, et faites cuire à l'eau dans un bol bien beurré pendant une heure et demie.

Pudding tremblant, jaune.
(Quaking pudding, yellow.)

Battez dix jaunes d'œufs avec un peu de sel ; mettez-y deux cuillerées de farine, et battez bien. Prenez dans une chopine de crème douze cuillerées, et délayez en ce mélange. Mettez sur le feu ce qui reste de la crème avec un morceau de muscade et un gros de macis. Quand elle sera prête à bouillir, versez-la dans le mélange, en remuant. Ajoutez-y du sucre à votre goût. Faites bouillir dans un bol bien beurré, pendant une heure et demie. Quand vous sortez votre pudding sur le plat, versez dessus du beurre frais fondu, de bon vin blanc, et du sucre.

Pudding à la cuiller.
(A spoonful pudding.)

Une cuillerée de farine, bien battue avec une cuillerée de lait, ou de crème, un œuf, un peu de sel, et un peu de gingembre râpé. Faites cuire à l'eau dans une tasse bien beurrée.

Pudding échaudé.
(A scalded pudding.)

Ayez une chopine de lait nouvellement trait, prenez-en de quoi délayer trois grandes cuillerées de farine ; délayez bien. Mettez sur le feu ce qui reste du lait, et lorsqu'il sera prêt à bouillir, versez-y le mélange, et retenez le tout sur le feu jusqu'à ce qu'il épaississe, en remuant continuellement, afin qu'il ne brûle pas ; mais ne laissez pas bouillir. Lorsque votre pudding sera d'une assez bonne consistance, versez-le dans un bol,

Puddg   à la moelle.
(A cambridge marrow pudding.)

Mêlez six œufs bien battus, et un quarteron de pain, ou de biscuits à la napolitaine, râpés, avec une pinte de lait nouvellement trait, et mettez ce mélange sur le feu, jusqu'à ce qu'il soit de la consistance d'un flan ; mais ne le laissez pas bouillir. Versez-le dans un bol, et laissez rafraîchir ; puis mettez-y une demi-livre de raisins de Corinthe, trois onces d'écorce d'orange confite, hachée très-fin, et du sucre à votre goût. Garnissez le plat d'une pâte feuilletée, ou mettez-en seulement un rouleau aux bords ; versez-y le mélange, et semez-y de la moelle de bœuf crue coupée en petits morceaux. Faites cuire dans un four modérément chaud

Pudding au jus d'orange.
(Orange juice pudding.)

Echaudez une pinte de crème, et mêlez-y du pain râpé jusqu'à ce qu'elle soit un peu épaisse. Lorsque ce mélange sera refroidi, ajoutez-y une demi-livre de beurre frais fondu, quatre œufs, le jus d'une orange amère, l'écorce râpée, un peu de muscade, et du sucre à votre goût. Mêlez bien, et versez dans un plat avec un rouleau de pâte aux bords. Faites cuire au four pendant trois quarts d'heure.

Pudding au riz, cuit à l'eau.
(A whole rice pudding.)

Faites cuire très-doucement à l'étouffée un quarteron de riz, dans une chopine et demie de lait nouvellement trait. Lorsque le riz sera tendre, versez-le dans un bol ; mettez-y un morceau de beurre en remuant, et laissez tout-à-fait refroidir. Puis mettez-y quatre œufs, un peu de sel, de la muscade, et du sucre. Faites cuire à l'eau dans un bol bien beurré.

Pudding de pommes ; à la crème.
(Apple pudding, with cream.)

Pelez et râpez trois ou quatre pommes, suivant la grosseur ; mais elles doivent être assez grosses. Ajoutez-y un quarteron de biscuits à la napolitaine râpés, un peu de muscade, une chopine de crème, du sucre, à votre goût, dix jaunes et cinq blancs d'œufs bien battus avec un peu de sel. Mettez un rouleau de pâte aux bords du plat, et faites cuire au four pendant une heure. Semez-y du sucre en poudre en servant.

Pudding aux carottes.
(Carrot pudding.)

Ratissez très-proprement une carotte crue, et râpez-la ; sur une demie-livre de carotte râpée, prenez une demi-livre de pain râpé, une demi-livre de beurre frais fondu, un demi-setier de crème, un demi-setier de vin de Canarie, de l'eau de fleur d'orange et du sucre à votre goût, un peu de muscade râpée, huit jaunes et quatre blancs d'œufs, bien battus avec un peu de sel. L'épaisseur en doit être moyenne ; si le mélange est trop épais, ajoutez-y encore de la crème. Vous pouvez le faire cuire à l'eau ou au four. Si c'est au four, versez-le dans un plat foncé d'une pâte feuilletée, et faites cuire pendant une heure. En servant, saupoudrez avec du sucre en poudre passé au tamis. Si vous le faites cuire à l'eau, versez-le dans un bol bien beurré, et donnez-lui une heure et demie de cuisson. Servez avec une sauce au vin blanc.

Autre manière.
(Another way.)

Lavez et ratissez quelques carottes, et faites-les cuire dans beaucoup d'eau jusqu'à ce qu'elles soient très-tendres ; enlevez la partie rouge du dehors, et écrasez dans un tamis une demi-livre de la partie intérieure ; ajoutez-y six onces de beurre fondu, une demi-livre de mie de pain mollet râpée, un demi-setier de crème, huit œufs bien battus avec du sel, du sucre à votre goût, plein un verre à queue d'eau de fleur d'orange, et de l'écorce d'orange ou de citron confite, coupée mince. Faites cuire pendant une demi-heure au four dans un plat bordé d'une pâte feuilletée. Saupoudrez de sucre avant de servir.

Pudding au riz , en fromage.
(Cheese rice pudding.)

Dans une chopine de lait, mettez un quarteron de farine de riz, et mettez ce mélange sur le feu jusqu'à ce que le riz soit tendre. Remuez-le afin qu'il ne brûle pas, et ne le laissez pas bouillir. Mettez-le dans un bol ; ajoutez-y un quarteron de beurre frais, en remuant jusqu'à ce que le beurre soit fondu ; jetez dessus un linge pour garantir de la poussière, mais de contexture à ne pas exclure tout-à-fait l'air, et laissez reposer jusqu'au lendemain ; puis vous ajouterez trois œufs bien battus avec un peu de sel, du sucre et de la muscade à votre goût, deux cuillerées de vin de liqueur, et un quarteron de raisins de Corinthe bien lavés et bien séchés. Faites cuire au four dans des moules garnis de pâte fleuilletée.

Comme la qualité du riz n'est pas toujours la même, il peut quelquefois arriver que cette quantité ne fera pas la pâte assez ferme. Dans ce cas, vous devez y en ajouter davantage, parce que votre pudding doit être bien ferme.

Pudding à la Suzanne.
(A Suzan pudding.)

Faites cuire à l'eau des fèves de marais jusqu'à ce qu'elles soient bien tendres; pelez-les, et pilez-en une demi-livre dans un mortier de marbre jusqu'à ce qu'elles soient bien écrasées. Ajoutez-y quatre cuillerées de crème épaisse, du sucre à votre goût, une demi-livre de beurre fondu, huit jaunes et quatre blancs d'œufs bien battus avec du sel, et du vin de liqueur en assez grande quantité pour donner à votre pudding un goût agréable. Garnissez un plat de pâte feuilletée; mettez-y une assez bonne couche de citron confit coupé en longues tranches; versez-y le mélange, et faites cuire pendant trois quarts d'heure dans un four modérément chaud.

Pudding au citron, à la royale.
(Prince of wales' lemon pudding.)

Mettez une demi-livre de sucre et une demi-livre de beurre frais dans une casserole; passez sur le feu jusqu'à ce que tous les deux soient fondus, en remuant bien votre mélange, comme il est très-sujet à brûler; mais il ne faut pas le laisser bouillir. Versez-le dans un vase; mettez-y de l'écorce de citron râpée, et laissez rafraichir. Ayez tout prêts deux biscuits trempés dans un poisson de crème ; broyez-les fin, et mettez-les dans le mélange en remuant. Battez bien dix jaunes et cinq blancs d'œufs avec un peu de sel ; mettez-y le jus du citron passé à travers un linge, et mêlez bien avec les autres ingrédiens. Garnissez un plat de pâte feuilletée ; semez-y des morceaux d'écoree de citron confite ; versez-y le mélange, et faites cuire dans un four modérément chaud, pendant trois quarts d'heure. Saupoudrez avec du sucre passé au tamis avant de servir.

Pudding aux pommes de reinette.
(A pippin pudding.)

Mettez dans une chopine de crème assez de biscuit de mer râpé ou de pain mollet râpé pour l'épaissir ; ajoutez-y une noix muscade râpée, de l'écorce d'orange confite coupée en morceaux, du sucre, à votre goût, et douze œufs bien battus avec un peu de sel. Garnissez un plat de pâte feuilletée, et mettez-y une couche de douze pommes de reinette coupées par tranches. Versez-y le mélange, et faites cuire au four pendant trois quarts d'heure. Saupoudrez avec du sucre passé au tamis.

Pudding au riz, à l'Indienne.
(A patna rice pudding.)

Lavez un quarteron de riz, séchez-le dans un linge, et réduisez-le en poudre en le pilant. Passez-le sur le feu dans une chopine et demie de lait nouvellement trait, jusqu'à ce qu'il épaississe ; mais ne laissez pas bouillir. Versez votre mélange dans un plat, et laissez rafraîchir. Ajoutez-y de la canelle, de la muscade et du macis,

broyés, du sucre, à votre goût, une demi-livre de graisse
de bœuf crue, hachée menue, et huit œufs bien battus avec
du sel. Mettez-y une demi-livre de raisins de Corinthe,
bien lavés et séchés au feu, ou bien de l'écorce de citron,
de limon, ou d'orange, confite. Faites cuire au four
pendant une demi-heure dans un plat garni d'une pâte
feuilletée.

Ce pudding est bien bon aussi sans raisins de Corinthe
ni confitures.

Pudding à la caillée.
(Butter-milk curd pudding.)

Prenez trois pintes de lait nouvellement trait, avant
qu'il ait perdu sa chaleur, ou faites-le chauffer au même
degré ; et lorsque la caillée est sèche, pilez-la dans un
mortier de marbre avec un quarteron de beurre, une
demi-livre de sucre, une once d'amandes douces, deux
ou trois amandes amères, et un citron cuit à l'eau
jusqu'à ce qu'il soit tendre. Tout cela étant bien broyé
et mêlé, ajoutez-y deux onces de mie de pain râpée, de
la muscade râpée, plein une demi-tasse de crème épaisse,
six jaunes et trois blancs d'œufs bien battus avec un peu
de sel, et plein un verre à queue de vin de liqueur.
Remuez bien le tout ensemble ; faites cuire dans un
plat ou des tasses bien beurrées ; renversez sur un plat,
et versez-y de la sauce au vin blanc.

Pudding au macaroni.
(Macaroni pudding.)

Sur deux onces de macaroni, prenez une chopine de
lait nouvellement trait, un morceau d'écorce de citron,

un petit morceau de canelle, et faites cuire ce mélange
à l'étuvée, jusqu'à ce qu'il soit tendre. Battez bien trois
œufs avec un peu de sel, et délayez-y un demi-setier de
lait froid, du sucre, à votre goût, et un peu de muscade
râpée. Garnissez les bords d'un plat d'un rouleau de
pâte feuilletée; mettez dedans une couche de macaroni,
puis une couche de quelques conserves, comme de
groseilles à maquereau, de la marmelade d'orange, etc.
Couchez dessus ce qui reste du macaroni, et versez dessus
le lait et les œufs. Faites cuire pendant une heure dans un
four modérément chaud; saupoudrez de sucre en servant.

Ce pudding est bien bon aussi sans la conserve.

Pudding à l'allemande.
(A german pudding.)

Coupez en tranches une livre de mie de pain, et
versez dessus une pinte de lait nouvellement trait, bien
chaud, avec beaucoup de sucre. Le mélange bien trempé
et rafraîchi, prenez un peu de ce même lait, et délayez-
en six œufs bien battus avec un peu de sel et de muscade
râpée. Ayez tout prêts une livre de graisse de veau crue,
hachée fin, et une livre de raisins de Corinthe bien
lavés, épluchés et séchés. Mettez dans un plat une
couche du pain, puis une couche de la graisse et des
raisins que vous aurez mêlés ensemble, et ainsi alternativement. Versez dessus le lait et les œufs, et faites cuire,
soit au four dans un plat beurré, soit à l'eau dans un bol
également beurré. A l'eau, il faut deux heures de cuisson;
au four, une heure et demie. Si le pain a bu tout le lait,
vous prendrez d'autre lait pour les œufs.

Pudding aux pommes-de-terre.
(Potatoe pudding.)

Prenez une livre de pommes, pesées après avoir été cuites à l'eau, et épluchées, et broyez-les dans un mortier de marbre avec une demi-livre de beurre. Faites cuire à l'eau une once d'écorce de citron, et broyez-la séparément dans un mortier. Mêlez-la avec les pommes-de-terre, ajoutez-y huit jaunes et quatre blancs d'œufs, et du sucre, à votre goût; mettez-le dans, un plat avec un rouleau aux bords, et faites cuire dans un four à petite chaleur.

Autre manière.
(A richer potatoe pudding.)

A une demi-livre de pommes-de-terre cuites à l'eau, et broyées dans un mortier de marbre avec un quarteron de beurre, ajoutez un poisson de crème, l'écorce d'un citron râpée, et son jus passé à travers un linge, deux cuillerées de bon vin blanc, du sucre, à votre goût, deux onces d'amandes pilées avec de l'eau de fleur d'orange, un peu d'écorce d'orange confite coupée en tranches minces, et huit jaunes d'œufs bien battus avec un peu de sel. Faites cuire dans un plat avec un rouleau aux bords, pendant une heure, dans un four modérément chaud; saupoudrez de sucre et servez.

Pudding aux oranges, ou aux citrons.
(An orange or lemon pudding.)

Faites fondre un quarteron de beurre, et versez-le sur deux onces de pain râpé; mettez-y les écorces de deux

et laissez-le rafraîchir. Puis mettez-y six œufs, un peu
de sucre et de muscade. Faites bouillir dans un bol bien
beurré.

Pudding de fruit, cuit à l'eau.
(Fruit pudding in crust.)

Sur une livre de farine , prenez une demi-livre de
graisse de bœuf crue, hachée menu ; passez au rouleau
jusqu'à ce que la graisse soit bien mêlée avec la farine,
puis mettez dans un bol avec du sel : mêlez légèrement
avec de l'eau froide , et maniez suffisamment. Beurrez
un bol, et garnissez-le de cette pâte, après l'avoir passée
au rouleau , mais pas trop mince ; laissez-la déborder ,
de manière à former un rouleau ; mettez le fruit dedans ,
et recouvrez avec une pâte. Liez dessus un linge bien
enfariné. Il faut deux heures dans l'eau pour un bol
d'une pinte.

Ce pudding est bien bon avec presque toute espèce
de fruits, mais le cassis y est excellent. A ce dernier
fruit , il faut ajouter un peu d'eau ; il en faut un demi-
setier pour un bol d'une pinte.

Dumplings aux pommes.
(Apple dumplings.)

Ayez une pâte comme celle pour le pudding précédent. Pelez autant de grosses pommes de reinette que
vous voulez avoir de dumplings. Enveloppez chacune
d'une pâte modérément épaisse ; mettez vos dumplings
séparément dans des linges bien saupoudrés de farine ,
et faites-les bouillir pendant une heure trois quarts s'ils
sont gros.

Des abricots au lieu de pommes sont bien bons dans
ces dumplings.

Pudding à la Cheshire.
(A cheshire pudding.)

Faites une pâte comme la précédente ; passez-là au rouleau , et coupez-la à la longueur de quatorze à quinze pouces , sur huit à neuf de largeur. Mettez-y une couche de conserve de framboises , ou autres (Voyez l'article des Conserves à l'anglaise), et roulez serré , de la même manière que vous rouleriez un cahier de papier , sans cependant laisser de vide au milieu ; enveloppez votre dumpling dans un linge qui fasse deux ou trois tours , et liez serré à chaque bout. Faites bouillir pendant deux heures et demie.

Puddings du nom que vous voudrez.
(Nursery or parlour pudding.)

Prenez un petit pain que vous couperez par tranches ; mettez-les dans une casserole , avec une demi-livre de beurre , et versez dessus une chopine de lait prêt à bouillir , et laissez rafraîchir sans couvercle. Broyez fin avec une cuiller , puis ajoutez-y six onces de sucre , la moitié d'une noix muscade , six œufs bien battus avec un peu de sel , et une demi-livre de raisins de Corinthe , bien lavés et séchés. Faites cuire au four dans des tasses , des soucoupes ou des moules , bien beurrés , pendant trois quarts d'heure. Sortez-les , et servez avec une sauce au vin blanc. Ils sont encore bien bons sans les raisins de Corinthe.

Puddings à la Windsor.
(A Windsor pudding.)

Hachez très-fin une demi-livre de graisse de bœuf

erue ; mettez-y une demi-livre de pain mollet , un peu
de muscade, et l'écorce d'un citron. Ajoutez-y une demi-
livre de pommes hachées , une demi-livre de raisins de
Corinthe , bien lavés et séchés , une demi-livre de raisins
secs , que vous hacherez après en avoir ôté les pepins ,
un verre de vin de liqueur , et cinq œufs bien battus avec
un peu de sel. Mêlez le tout bien ensemble , et faites
cuire à l'eau dans un bol ou un moule , pendant trois
heures. Saupoudrez de sucre en poudre , et servez avec
une sauce au vin blanc dans le plat.

Charlotte de fruits.
(A fruit Charlotte.)

Beurrez bien le fond et les côtés d'un plat profond ,
puis garnissez - le de tranches minces de pain mollet.
Prenez quelques-uns des fruits suivans , et mettez - les
par couches dans le plat , en remplissant les vides avec
du sucre et des morceaux de beurre. Des abricots ou
des prunes, des grosses espèces, fendus par la moitié, et
dont les noyaux soient ôtés. Des damas ou des prunelles,
entiers , ou des pommes coupées en tranches minces ,
mêlées avec des tranches minces de coings. Ayez toutes
prêtes des tranches minces de pain trempées dans du lait
chaud , en quantité suffisante pour couvrir le dessus du
plat ; et lorsqu'il sera plein du fruit , mettez-les dessus.
Beurrez le dessous d'un plat ou d'une assiette assez
grande pour s'ajuster au-dessus du plat où est le fruit ;
posez-la dessus le pain , et mettez-y un poids pour la
faire presser sur le contenu. Faites cuire dans un four
à petite chaleur pendant deux ou trois heures , suivant
la grosseur.

gros citrons ou d'oranges amères, et leur jus passé à travers un linge. Ajoutez-y huit jaunes et quatre blancs d'œufs, et du sucre à votre goût. Faites cuire dans un plat garni de pâte feuilletée, pendant une demi-heure, dans un four d'une chaleur assez vive.

Pudding de riz, aux pommes.
(Carolina rice pudding.)

Lavez un quarteron de riz, et faites-le cuire doucement à l'étuvée dans une chopine de lait jusqu'à ce qu'il soit assez épais ; puis versez le mélange dans un bol et laissez-le rafraîchir. Mettez-y plein une cuiller à café de canelle pilée, un peu de muscade râpée, l'écorce d'un citron râpée, quatre grosses pommes épluchées et hachées fin, deux œufs, et du sucre à votre goût ; mêlez le tout bien ensemble ; mettez-le dans un linge que vous lierez bien serré, et faites cuire à l'eau pendant une heure et demie.

Pudding à la farine d'avoine.
(Oatmeal pudding.)

Faites cuire à l'étuvée un demi-setier de la meilleure farine d'avoine, dans une chopine de lait, en remuant toujours. Laissez ce mélange jusqu'au lendemain ; puis ajoutez un quarteron de graisse de bœuf crue, hachée fin, un quarteron de raisins de Corinthe, deux œufs, un peu de muscade, et du sucre, à votre goût. Faites cuire au four avec une abaisse de pâte feuilletée.

Pudding au flan, à l'eau.
(Custard pudding, boiled.)

Prenez deux cuillerées de farine de riz ; après l'avoir

passée au tamis, mettez-y six œufs bien battus avec un peu de sel, de la muscade râpée, du sucre à votre goût, une chopine de crème ou de lait nouvellement trait. Remuez bien ce mélange, et mettez-le de suite dans un linge bien enfariné, et faites cuire à l'eau pendant trois quarts d'heure. Remuez-le pendant quelques minutes après que vous l'aurez mis dans le pot; versez dessus de la sauce au vin blanc, et servez.

Pudding aux coings.
(Quince pudding.)

Faites bouillir six gros coings jusqu'à ce qu'ils soient bien tendres ; pelez-les très-mince, et ratissez-les jusqu'à ce qu'ils soient en pulpe. Ajoutez-y beaucoup de sucre en poudre, et un peu de gingembre et de canelle broyés. Battez quatre jaunes d'œufs avec du sel, et délayez-les dans une chopine de crème ; mêlez le tout ensemble, et faites cuire dans un plat avec une pâte feuilletée aux bords, pendant trois quarts d'heure, dans un four modérément chaux. Saupoudrez de sucre, et servez.

Pudding au pain et aux pommes.
(Bread and apple pudding.)

Râpez six onces de pain ; ajoutez-y six onces de sucre en poudre, six onces de pommes râpées, six onces de raisins de Corinthe bien lavés et séchés, et six œufs battus avec du sel. Mêlez le tout bien ensemble, et faites cuire à l'eau dans un bol bien beurré pendant une heure et demie ; servez avec de la sauce au vin blanc.

Boudins blancs.
(White puddings.)

Versez deux chopines et demie de lait bien chaud sur une demi-livre de biscuits à la napolitaine, ou de pain : laissez ce mélange découvert, et lorsque le pain sera bien imbibé, écrasez-le très-fin ; mettez-y une demi-livre d'amandes bien pilées avec de l'eau de fleur d'orange, trois quarterons de sucre, une livre de graisse de bœuf crue ou de moelle hachée fin, un quart d'once de sel, dix jaunes et cinq blancs d'œufs ; mêlez le tout bien ensemble, et mettez-le dans les boyaux que vous ne remplirez qu'à moitié ; liez-les comme des saucisses. Il faut bien laver les boyaux et les faire tremper pendant quelques heures dans de l'eau de rose avant de vous en servir. Vous pouvez y mettre des raisins de Corinthe à la place des amandes, si vous le préférez.

Pudding à la tanaisie.
(Tansey pudding.)

Râpez quatre onces de pain, blanchissez deux onces d'amandes douces, et les pilez fin dans un mortier de marbre avec de l'eau de fleur d'orange, et mêlez-les avec le pain, en y ajoutant quatre onces de sucre en poudre. Ajoutez-y cinq œufs, un peu de sel, une chopine de crème, une noix muscade râpée, un demi-setier de jus d'épinards, que vous exprimerez en les broyant dans un mortier de marbre, et que vous passerez ensuite au linge, et deux ou trois cuillerées de jus de tanaisie fait de la même manière. Remuez le tout ensemble, et mettez-le dans une casserole avec un petit morceau de beurre.

Passez-le sur le feu jusqu'à ce qu'il épaississe, en remuant pendant tout le temps; mais ne le laissez pas bouillir. La cuisson opérée, laissez rafraîchir dans un bol; puis versez dans un plat bien beurré, et faites cuire au four pendant une demi-heure. Renversez-le sur un autre plat avant de le servir; saupoudrez de sucre, et mettez tout autour une orange amère coupée en tranches.

Pudding aux raisains secs.
(Plum pudding.)

Prenez trois quarterons de farine, trois quarterons de raisins secs, pesés après que vous en aurez ôté les pepins, une demi-livre de graisse de bœuf crue ou de moelle hâchée fin, une chopine de lait, deux œufs, trois cuillerées de sucre, et un peu de sel. Faites cuire à l'eau dans un bol bien fermé avec un linge, pendant cinq heures.

Petit pudding aux raisins secs, très-fin.
(A small very rich plum pudding.)

Prenez trois quarterons de graisse de bœuf crue hachée fin, une demi-livre de raisins secs, pesés après que vous en aurez ôté les pepins, et hachés un peu : ajoutez-y trois cuillerées de farine, trois cuillerées de sucre, un peu de muscade et de sel, trois jaunes et deux blancs d'œufs. Faites cuire à l'eau pendant quatre heures dans un bol ou un moule de fer-blanc bien beurré. Versez dessus de la sauce au vin blanc et au sucre, et servez.

Gros pudding aux raisins secs, très-fin.
(A very large rich plum pudding.)

Prenez trois livres de graisse de bœuf crue, hachée

fin, une livre et demie de raisins secs, pesés après que vous en aurez ôté les pepins, et que vous hacherez, une livre et demie de raisins de Corinthe, tróis livres de farine, seize œufs, et une pinte de lait. Faites cuire à l'eau dans un bol pendant sept heures.

Pudding aux raisins secs , sans œufs.
(Plum-pudding without eggs.)

Prenez trois quarterons de farine, trois quarterons de graisse de bœuf crue, hachée fin, trois quarterons de raisins secs, pesés après que vous en aurez ôté les pepins, trois quarterons de raisins de Corinthe, bien lavés et séchés, plein une cuiller à café de gingembre moulù, et environ un tiers de plus de sel. Remuez le tout bien ensemble et ajoutez-y seulement la quantité de lait nécessaire pour en faire un mélange très-ferme. Faites cuire à l'eau pendant quatre heures dans un bol beurré.

Pudding aux raisins secs , cuit au four.
(Baked plum pudding.)

Il se fait de la même manière que le précédent, à la réserve qu'il lui faudra une chopine de lait, et deux œufs. Faites cuire au four pendant une heure et demie.

Dumplings au vin de liqueur.
(Sack dumplings.)

Râpez environ une livre de mie de pain mollet; ajoutez-y trois quarterons de graisse de bœuf crue, trois quarterons de raisins de Corinthe, une noix muscade râpée, un peu de sucre, huit jaunes d'œufs, et plein deux verres à queue de liqueur. Faites-en des dumplings d'une grosseur moyenne, liez-les dans des linges, et faites-les cuire à l'eau pendant deux heures. Servez avec une sauce au vin blanc et au sucre.

Pudding roux au pain.
(Brown bread pudding.)

Prenez une livre de graisse de bœuf crue, hachée très-fin, une livre de pain râpé, une demi-livre de raisins secs, pesés après que vous en aurez ôté les pepins, et que vous hacherez; une demi-livre de raisins de Corinthe, une noix muscade râpée, plein une cuillère à café de sel, et six œufs. Mêlez bien ensemble, et faites cuire à l'eau pendant six heures dans un bol bien beurré.

Puddings à l'Oxford.
(Oxford puddings.)

Prenez une demi-livre de biscuits à la napolitaine râpés, un quarteron de graisse de bœuf crue hachée fin, un quarteron de raisins de Corinthe, de l'écorce de citron et d'orange confite; une once de chaque, hachée fin, un peu de sel, de la muscade râpée, et du sucre, à votre goût. Mêlez cela bien ensemble en délayant avec, cinq jaunes d'œufs, de l'eau de fleur d'orange, et une cuillerée de bon vin blanc. Faites-en des puddings gros comme un œuf de dinde, et faites-les frire dans du saindoux jusqu'à ce qu'ils soient d'une belle couleur. Servez-les sur un plat à jour. Saupoudrez de sucre, et servez avec une sauce au vin blanc dans une saucière.

Pudding aux pommes à la lady Heathcote.
(Lady heathcotes' apple pudding.)

Faites cuire douze grosses pommes au bain-marie et

laissez-les mijoter jusqu'à ce qu'elles soient assez déliées
pour passer à travers la passoire. Mettez dans cette purée
le reste d'un citron, en y exprimant aussi le jus ; ajoutez-
y deux cuillerées de pain râpé, du sucre, à votre goût,
six onces de beurre frais fondu séparément, et. six œufs
bien battus. Mettez ce mélange dans un plat foncé d'une
pâte feuilletée, et faites cuire pendant une, heure dans
un four d'une chaleur assez vive.

Pudding aux oranges.
(Orange pudding.)

Pelez six grosses oranges très-mince, coupez-les par
moitiés, exprimez-en le jus, ôtez-en les pepins, et faites-les cuire à l'eau jusqu'à ce qu'elles soient tendres.
Broyez-les dans un mortier de marbre avec trois quarterons de sucre. Ajoutez-y leur jus, et une demi-livre
de beurre frais fondu. Lorsque ce mélange est refroidi,
ajoutez-y douze jaunes et six blancs d'œufs. Remuez le
tout bien ensemble, versez-le dans un plat avec un rouleau de pâte feuilletée aux. bords. Faites cuire au four
pendant une demi-heure. Vous pouvez vous servir à volonté d'oranges douces ou. amères.

Pudding de riz, à la crème.
(Rice pudding with cream.)

Faites cuire à l'étuvée un quarteron de riz jusqu'à ce
qu'il soit tendre ; égouttez-le, et passez-le sur le feu
avec assez de lait pour le rendre modérément épais, jusqu'à ce qu'il soit prêt à bouillir. Versez ce mélange dans
un bol et mettez-y un morceau de beurre en remuant.
Lorsqu'il sera refroidi, ajoutez-y un poisson de crème,

cinq jaunes et deux blancs d'œufs, de la muscade et du sucre, à votre goût. Faites cuire à l'eau dans un linge pendant trois quarts d'heure.

Pudding au pain, cuit au four.
(Bread pudding , baked.)

Mettez un quarteron de beurre dans une chopine de crème, ou de lait nouvellement trait ; passez sur le feu en remuant toujours. Aussitôt le beurre fondu, délayez-y du pain rassis en telle quantité qu'il suffira pour le rendre modérément épais, en remuant toujours. Mettez-y trois œufs, un peu de sel , de muscade et du sucre. Faites cuire au four pendant trois quarts d'heure dans un plat beurré. Vous pouvez y ajouter une demi-livre de raisins de Corinthe, à votre volonté.

Pudding aux amandes.
(Almond pudding.)

Blanchissez une demi-livre d'amandes douces , et broyez-les dans un mortier de marbre avec de l'eau de fleur d'orange. Ajoutez les écorces de deux citrons râpées, une demi-livre de beurre frais fondu, huit jaunes et quatre blancs d'œufs, et du sucre, à votre goût. Faites cuire au four pendant une demi-heure, dans un plat avec une pâte feuilletée aux bords.

Pudding au citron.
(Lemon pudding.)

Prenez une demi-livre de biscuits à la napolitaine râpés, trois quarterons de sucre en poudre, les écorces de deux gros citrons râpées, et leur jus. Ajoutez-y trois quarterons de beurre frais fondu, une chopine de crème épaissie, deux jaunes et six blancs d'œufs, et une noix-muscade râpée. Mêlez le tout bien ensemble, et versez dans un plat garni d'une abaisse. Saupoudrez de sucre, et mettez au four. Une demi-heure suffira.

Pudding aux biscuits.
(Biscuit pudding.)

Faites chauffer une chopine de crème ou de lait nouvellement trait, et versez-le sur un quarteron de biscuits à la napolitaine râpés. Laissez rafraîchir, puis ajoutez-y deux cuillerées de sucre en poudre, une demi-cuillerée de farine, de l'eau de fleur d'orange, de la muscade râpée, quatre jaunes et deux blancs d'œufs bien battus avec un peu de sel. Mêlez le tout bien ensemble, et faites cuire à l'eau dans un bol beurré et saupoudré de farine, pendant une heure. Servez avec une sauce blanche dans le plat, et saupoudrez de sucre passé au tamis.

Pudding à la purée d'abricots, de groseilles à maquereau, ou de pommes.
(Apricot, goose berry, or apple pudding.)

. Faites cuire le fruit au bain-marie jusqu'à ce qu'il devienne une pulpe assez déliée pour passer à travers une passoire. Sur une chopine de la pulpe prenez dix jaunes et cinq blancs d'œufs, un quarteron de beurre fondu en huile, trois cuillerées d'eau de rose, et du sucre à votre goût. Remuez le tout bien ensemble, et faites cuire pendant une demi-heure dans un four d'une chaleur vive, le plat foncé d'une pâte feuilletée.

Crêpes ordinaires.
(Common pancakes.)

Battez deux œufs avec un peu de sel , et délayez-y trois cuillerées de farine. Puis délayez-y une chopine de lait nouvellement trait , et battez bien ce mélange. Faites frire vos crêpes dans une petite poêle avec du saindoux , jusqu'à ce qu'elles soient d'une belle couleur. Faites-les d'une épaisseur moyenne. En les faisant frire par cuillerées , vous aurez des beignets simples.

Crêpes à la crème.
(Cream pancakes.)

Mettez une once de beurre dans un demi-setier de crème , que vous passerez sur le feu jusqu'à ce que le beurre soit fondu ; puis délayez ce mélange peu à peu dans deux cuillerées de farine ; ajoutez-y deux jaunes d'œufs , un peu de muscade et de sel. Faites frire vos crêpes dans une petite poêle ; il y en a de quoi en faire une douzaine. Vous devez mettre un petit morceau de beurre dans la poêle avec la première crêpe.

Autre manière.
(Another way.)

Délayez peu à peu une chopine de lait dans trois cuillerées de farine , et battez bien. Ajoutez-y six œufs , une demi-livre de beurre frais fondu et un peu de sucre. Ces crêpes ne demandent ni beurre ni lard.

Crêpes au riz.
(Whole rice pancakes.)

Faites étuver une demi-livre de riz dans une quantité

suffisante d'eau , jusqu'à ce qu'il soit très-tendre. Laissez-le rafraîchir découvert , puis broyez-le très-fin , et mettez-y un demi-setier de crème bien chaude , une demi-livre de beurre fondu , une poignée de farine , un peu de muscade , et cinq œufs bien battus avec du sel. Remuez le tout bien ensemble , et faites frire dans du beurre ou du saindoux. Saupoudrez de sucre et mettez autour du plat une orange amère ou un citron coupé par tranches.

De ce mélange vous pouvez faire un **pudding** , cuit à l'eau ou au four , en y ajoutant des **raisins de Corinthe** ou non , à votre volonté. Au four , il lui faut trois quarts d'heure , et à l'eau , une heure.

Crêpes à la farine de riz.
(Ground rice pancakes.)

Passez sur le feu une chopine de lait nouvellement trait , et lorsqu'il sera tout chaud , délayez-y deux cuillerées de farine de riz , que vous aurez d'abord délayées dans un poisson de lait froid. Laissez ce mélange sur le feu jusqu'à ce qu'il épaississe , mais ne le laissez pas bouillir. Versez-le dans un bol , pour rafraîchir , en y délayant doucement un quarteron de beurre. Lorsqu'il sera froid , ajoutez-y du sucre , un peu de muscade , et quatre œufs bien battus avec du sel. Faites-le frire dans la plus petite quantité possible de saindoux , jusqu'à ce que vos crêpes soient d'une belle couleur. En les servant , saupoudrez-les de sucre , et mettez autour du plat des tranches de citron ou d'orange amère.

Beignets de pommes.
(Apple fritters.)

Sur un quarteron de farine passée au tamis , prenez

quatre ou cinq cuillerées de crème ou de lait nouvellement trait , et trois œufs bien battus avec un peu de
sel. Battez très-bien le tout ensemble ; puis prenez
douze grosses pommes cassantes, que vous aurez pelées
et coupées par moitiés , et dont les cœurs soient enlevés,
et mettez-les-y. Sortez-en ces moitiés avec une fourchette ; mettez-les dans du saindoux bouillant, et faites-
les frire d'une belle couleur. Servez-les sur un plat à
jour , saupoudrez-les de sucre et de canelle pilée , et
mettez au bord du plat une ou deux oranges amères ,
coupée par tranches.

Au lieu de pommes, vous pouvez vous servir d'a-
bricots, de pêches, de poires, ou d'oranges, pelées et
coupées par quartiers. Vous pouvez vous servir aussi
de conserves qui soient assez fermes, en en coupant
des morceaux de la grosseur convenable.

Beignets sans lait.
(Fritters without milk.)

Prenez une chopine de bonne bière, et autant de
farine qu'il en faudra pour en faire une pâte assez ferme,
et battez bien. Ajoutez-y deux onces de beurre chaud , et
trois œufs bien battus avec du sel. Battez le tout bien
ensemble. Trempez dans ce mélange des tranches de
pommes, ou des moitiés d'abricots sans les noyaux, et
faites-les frire dans du saindoux, d'une belle couleur.
Saupoudrez de sucre, et servez.

Beignets de pommes-de-terre.
(Potatoe fritters.)

A une demi-livre de pommes-de-terre râpées, avoir

été cuites à l'eau, ajoutez une grande cuillerée de crème, quatre œufs bien battus avec du sel, une demi-cuillerée de jus de citron, plein un verre à queue de vin de liqueur, et un peu de muscade râpée. Battez bien, et faites frire dans beaucoup de saindoux, de la grosseur des beignets ordinaires. Saupoudrez de sucre, mettez autour du plat des tranches de citron ou d'orange amère, et servez de la sauce au vin blanc dans une saucière

Soufflés à l'Espagnole.
(Spanish puffs.)

Prenez un bâton de canelle, un morceau d'écorce de citron, et un peu de sucre, et faites-les bouillir pendant dix minutes dans les trois quarts d'une chopine d'eau. Laissez rafraîchir, puis ajoutez-y trois œufs bien battus et trois grandes cuillerées de farine. Battez bien; ajoutez-y encore trois œufs, et faites mijoter sur le feu jusqu'à ce que vous ayez presque la consistance d'une pâte. Laissez tomber plein des cuillères à café dans du saindoux bouillant, et faites frire d'une belle couleur.

Pudding en gâteaux.
(Pudding cakes.)

Mêlez quatre jaunes et deux blancs d'œufs dans une chopine de lait; mêlez-y un demi-setier de mie de pain râpée fin, la moitié d'une noix-muscade, six onces de raisins de Corinthe, un quarteron de graisse de bœuf crue, hachée menu, un peu de sel, et assez de farine pour lui donner une consistance moyenne. Faites-en des gâteaux gros comme des beignets ordinaires, et faites frire dans du saindoux.

Rôties à la crème.
(Cream toast.)

Sur huit œufs bien battus avec un peu de sel, prenez
une chopine de crème, un peu de canelle broyée, et du
sucre en poudre : mêlez bien. Prenez deux ou trois petits
pains, que vous couperez en tranches longues. Couchez
les tranches dans un vase, versez le mélange dessus, et
retournez les tranches de temps en temps jusqu'à ce
qu'elles aient tout bu. Faites-les frire dans du beurre
ou du saindoux. Saupoudrez de sucre et servez.

CHAPITRE VIII.

MANIÈRE

D'APPRÊTER TOUTES SORTES DE PUDDINGS ET DE PATÉS DE VIANDE.

(*MEAT, PUDDINGS, PIES, AND PATTIES.*)

Une pâte pour les puddings de viande.
(A paste for meat puddings.)

Prenez autant de farine qu'il vous en faudra, et la moitié de cette quantité de graisse de bœuf ou de mouton crue, hachée menu, roulez-les ensemble sur votre tour à pâte pour broyer la graisse ; puis ajoutez-y du sel et assez d'eau pour en faire une pâte légère.

Pudding aux beefsteaks.
(Beefsteak pudding.)

Garnissez un bol avec de la pâte passée au rouleau , à l'épaisseur d'à peu près un demi-pouce. Enlevez de vos beefsteaks toute la peau et la graisse ; battez-les bien avec un rouleau ; coupez-les en morceaux pas trop gros ; assaisonnez-les de sel et de poivre ; couchez-les dans le bol ; mettez-y de l'eau ; mettez dessus une pâte ; retournez dessus les bords de la pâte de côté , et liez le bol dans un linge. Mettez-le dans de l'eau bouillante. Il faudra un peu plus de deux heures de cuisson pour un bol d'une pinte.

Vous pouvez y ajouter à volonté des huîtres, des ognons ou des pommes-de-terre coupées en tranches, ou un assaisonnement de fines herbes hachées menu, en les mettant entre les couches de bœuf.

Au lieu de beefsteaks, vous pouvez vous servir de côtelettes de mouton ou de veau, de cœurs de veau, de rognons de bœuf, ou d'autres viandes, en adaptant l'assaisonnement et les autres mélanges au genre de viandes. Par exemple, avec du veau, mettez des boulettes, avec du cœur de veau, de la farce, etc.

Pâté de côtelettes de mouton.
(Mutton steak pie.)

Dressez une bonne pâte, ferme et épaisse, en forme de pâté. Coupez des tranches de collet ou de poitrine de mouton, battez-les, et assaisonnez-les de muscade, de poivre, de sel, de fines herbes, de deux ognons, de deux ou trois jaunes d'œufs durs, tout cela haché bien menu, et deux cuillerées de câpres. Semez cet assaisonnement parmi les tranches, à mesure que vous les couchez dans le pâté. Fermez avec une pâte, et laissez pendant deux heures, ou davantage, suivant la grosseur, dans un four modérément chaud. Ayez tout prêt du jus pour verser dedans par un entonnoir, et servez.

Pâté de langue et de tétine, aux raisins.
(Tongue and udder pie sweet.)

Faites bouillir à demi, ou rôtir à demi, une langue et

une tétine ; coupez-les en tranches minces , et assaisonnez-les de sel et de poivre. Otez les pepins à une demi-livre des meilleurs raisins secs , puis dressez un pâté , ou mettez une pâte feuilletée aux bords d'un plat , et mettez-y alternativement des couches de langue et de tétine , et de raisins. Fermez avec une pâte , et lorsque vous l'aurez retiré du four , versez-y de la sauce suivante : Battez ensemble quelques jaunes d'œufs , du vinaigre , du bon vin blanc , du sucre et du beurre ; puis secouez ce mélange sur le feu jusqu'à ce qu'il soit prêt à bouillir , et versez-le dans le pâté au moment où vous servez.

Pâté de dindon, de canard, ou d'oie.
(Turkey, duck, or goose-pie.)

Cassez les os et battez la poitrine de votre dindon pour l'aplatir , lardez-le , posez-le dans un pâté foncé de quelques tranches de lard , et assaisonnez bien de sel , de poivre , de muscade , de clous de girofle , et de feuilles de laurier. Mettez dessus une tranche de lard, fermez avec une pâte , et mettez au four. Après la cuisson , introduisez-y une gousse d'ail ou d'échalote par le trou de la pâte de dessus , et ne servez votre pâté que quand il sera froid.

Vous pouvez désosser le dindon, à votre volonté. Au lieu de dindon , vous pouvez vous servir d'un canard ou d'une oie.

Pâté à la Florentine.
(A Florentine pie , as in the royal kitchen of queen Anne.)

Prenez un gigot de mouton ou de veau ; coupez-le en tranches minces , et assaisonnez-le de marjolaine , de

thym , de sariette , de persil , de romarin , d'un ognon
et d'une gousse d'ail , le tout haché menu ; de la muscade et du poivre broyés , du pain râpé , un peu de sel ,
et trois ou quatre jaunes d'œufs , pour mêler le tout ensemble. Couchez les tranches dans un plat , avec ou sans
une pâte dessous, et mêlées avec des tranches minces de
petit lard. Ajoutez-y quelques feuilles de laurier et du
jus d'huîtres. Couvrez le plat avec une pâte , et mettez
au four.

Pâté de veau à la carabas.
(A Carabas veal pie , as in the same.)

Coupez une rouelle de veau en morceaux gros comme
des noix , et assaisonnez de canelle , de gingembre , de
sucre et de sel. Dressez un pâté , ou prenez un plat ,
comme vous voudrez , mettez dedans, la viande avec des
marrons rôtis , pelés et coupés en quartiers , des dattes
coupées en tranches , et la moelle de deux os. Fermez
avec une pâte , mettez au four , et servez avec la sauce
suivante que vous verserez dedans après la cuisson.
Battez un jaune d'œuf avec du vin blanc , de la canelle ,
du gingembre et du sucre; passez votre sauce sur le feu
jusqu'à ce qu'elle épaississe un peu , en ayant soin de
ne pas laisser cailler l'œuf.

Pâté de mâchoire de bœuf.
(Ox cheek pie.)

Nettoyez bien la mâchoire ; désossez-la ; coupez-la en
morceaux , et assaisonnez-la de poivre , de sel , de muscade, et de quelques clous de girofle. Mettez-la dans un
plat, ou une pâte, avec quelques tranches de lard, fermez
av ec une pâte ; faites cuire au four à petite chaleur, afin

que la mâchoire soit bien tendre, et après la cuissson versez-y du vin clairet et du beurre chauffés ensemble.

Pâté de Beefsteak.
(Beefsteak pie.)

·Préparez les beefsteaks comme pour un pudding,
mais ne les coupez pas en aussi petits morceaux. Assaisonnez-les de sel, de poivre, et si vous voulez, de fines
herbes hachées menu. Roulez-les avec ou sans un morceau de graisse dedans, suivant que vous voulez que le
jus soit gras ; arrangez-les proprement dans le plat,
versez-y de l'eau, fermez avec une pâte, et mettez au
four. Pour faire de cette manière un bon pâté pour
un dîner de famille, vous pouvez vous servir de presque
toute espèce de viande.

Pâtés d'abattis d'oie.
(A giblet pie.)

Epluchez et lavez bien un abattis d'oie ou de canard,
et flambez-en les ailes. Foncez le plat de quelques tranches de bœuf ou de mouton, puis mettez l'abattis
dessus ; assaisonnez le tout de sel et de poivre ; posez
le chapeau, puis mettez au four. Après la cuisson, versez-y du jus chaud.

Pâtés de pigeons.
(Pigeon pie.)

Assaisonnez bien les pigeons de poivre et de sel,
mettez-les dans un plat avec un beefstcak au fond, les
poitrines en-bas ; semez-y les abattis, ajoutez-y quelques jaunes d'œufs durs, versez-y un peu d'eau, fermez

avec une pâte, et mettez au four. Vous pouvez, si vous voulez, leur mettre dans le ventre une farce de persil haché menu, des foies émincés, de sel et de poivre.

Pâté de perdrix.
(Partridge pie.)

Assaisonnez vos perdrix de poivre et de sel ; mettez des beefsteaks ou des côtelettes de veau au fond d'un plat, et couchez dessus les perdrix, les poitrines en bas. Si vous vous servez de veau, râpez-y un peu de jambon maigre. Mettez-y quelques jaunes d'œufs durs, un peu de jus clair et les abattis. Fermez avec une pâte, et mettez au four pendant environ une heure. Ayez du jus prêt pour y verser en servant.

Pâte à la Carlton.
(A Carlton pie.)

Prenez environ cinq livres du gros bout d'une longe de veau ; assaisonnez bien de sel et de poivre ; mettez votre viande dans un plat profond sans la couper, mettez autour des saucisses, ajoutez-y quelques jaunes d'œufs durs et de l'eau ; posez le chapeau, et faites cuire au four à petite chaleur. Vous pouvez y verser un peu de jus en servant.

Nota. Dans tous ces pâtés vous devez poser une pâte aux bords du plat.

Petits pâtés d'huîtres.
(Oyster patties.)

Garnissez quelques petites tourtières avec une pâte feuilletée très-délicate ; ébarbez quelques huîtres, mettez-en une ou deux dans chaque pâté , avec leur jus et un assaisonnement de poivre et de sel. Fermez avec une pâte , et faites-les cuire dans un four , à petite chaleur.

Petits pâtés de veau.
(Veal patties.)

Coupez le veau en aussi petits morceaux que vous pourrez, mais sans le hacher ; mêlez-y un peu d'écorce de citron ; râpez-y de la muscade, et un peu de jambon maigre ; humectez bien avec du jus de veau, ou de la bonne crème ; garnissez des petites tourtières d'une pâte feuilletée très-délicate, mettez le mélange dedans, fermez avec une pâte, et faites-les cuire dans un four, à petite chaleur.

Lorsque vous vous servez de crème, il vaut mieux omettre le jambon et ajouter un peu de sel.

De cette manière vous pouvez faire presque toutes sortes de petits-pâtés, comme par exemple, de poulet, de dinde, de perdrix, de boulettes, de langoustins, de chevrettes etc. etc.

CHAPITRE IX.

MANIÈRE

DE FAIRE LES PATÉS DE FRUITS FRAIS ET DE CONFITURES.

(FRESH FRUIT AND SWEET MEAT PIES.)

Pour la manière de faire les pâtes feuilletées et d'autres, qui sont d'origine française, nous renvoyons le lecteur à la cuisine bourgeoise française.

Pâte à dresser.
(Raised crust.)

Pour quatre livres de farine, prenez une livre de beurre et une once de sel. Mettez votre farine sur une table propre; faites un trou dans le milieu pour y mettre le sel, et le beurre en petits morceaux. Versez-y de l'eau presque bouillante, mais avec prudence, pour que la pâte ne soit pas trop déliée. Maniez bien le beurre jusqu'à ce qu'il soit fondu dans l'eau, puis mêlez-y petit à petit la farine; pétrissez pendant quelques minutes à force de bras, afin qu'il ne s'y trouve point de grumeaux; elle ne saurait être trop épaisse, pourvu qu'elle soit bien liée. Laissez reposer trois heurres avant de vous en servir.

Pâte sucrée.
(Sugar paste.)

Pour une livre de farine prenez deux onces de sucre passé au tamis, et une demi-livre de beurre, que vous mêlerez ensemble. Mêlez encore avec un œuf bien battu, et suffisamment d'eau froide pour lier votre pâte ; pétrisez et roulez bien.

Pâtés de toutes sortes de fruits frais.
(Apple, goose berry, and other fruit pies.)

Enduisez de beurre les bords et les côtés d'un plat profond, et garnissez-les d'une pâte, puis mettez-y le fruit avec suffisamment de sucre, et de l'eau s'il en faut, suivant le genre de fruit. Fermez avec une pâte. Vous pouvez pour servir de pâte feuilletée, ferme, ou de celle pour les tourtes, à votre volonté. Pour un pâté de pommes ou de poires, il faut les peler, en enlever les cœurs, et les couper par morceaux. Vous y donnerez un bon goût en y ajoutant, pour ceux de pommes seulement, un peu de coing, soit cru, soit confit, et pour tous les deux, de l'écorce de citron râpée, ou quelques clous de giroffle.

PATÉS, TARTES ET TARTELETTES DE CONFITURES.

(*SWEETMEAT PIES, TARTS, AND TARTLETS.*)

On peut faire des pâtés de confitures faites avec des sirops, de la même manière qu'on en fait de fruits crus, et avec les mêmes pâtes.

On fait des tartes avec toute espèce de confiture ou des conserves, en garnissant d'une pâte les bords du plat, et en y mettant la confiture; au lieu de fermer avec une pâte, on met par-dessus des petits ornemens coupés dans de la pâte avec une videlle. Pour ces derniers vous pouvez vous servir de pâte sucrée, à votre volonté. On fait encore des tartelettes très-petites de la même manière, à l'exception qu'on les arrange dans des petites tourtières de fer-blanc, dont on les sort en les retirant du four.

Soufflés.
(Puffs.)

On les fait avec de la pâte feuilletée, roulée et coupée en diverses formes, à sa fantaisie ; au sortir du four, mettez de la confiture au milieu.

Autre manière.
(Another way.)

Roulez votre pâte, et coupez-la en morceaux carrés, ronds ou longs ; couvrez-en la moitié de confiture, puis retournez l'autre moitié dessus ; serrez-en les bords, et mettez au four.

Coquettes.
(Flirts.)

Prenez de la pâte feuilletée : roulez et coupez-la en morceaux ronds, grands comme une pièce de cinq francs. Faites-les cuire sur des feuilles de fer-blanc, puis mettez de la confiture sur le côté plat, et collez-les ensemble deux à deux.

Pâté de riz, à la Digby.
(A rice pie, sir kenelm Digby's way.)

Faites bouillir du riz jusqu'à ce qu'il soit très-tendre ; écumez-le, et lorsqu'il est assez cuit, mettez-le dans un plat, mêlez-y du beurre, du sucre, de la muscade, **du** sel, de l'eau de rose, et six ou huit jaunes d'œufs. Mettez-le dans un plat garni d'une pâte feuilletée ; fermez avec une pâte, et mettez au four. Lorsqu'il est cuit, glacez-le.

CHAPITRE X.

BISCUITS, GATEAUX, etc.
(*BISCUITS, CAKES, etc.*)

Gâteau de Savoie.
(A Sàvoie cake.)

Mettez quatre œufs dans une balance, puis prenez une quantité égale à leur poids de sucre en poudre passé au tamis, avec de la farine bien séchée, en quantité égale au poids de sept œufs. Cassez les œufs, mettez-en les jaunes dans un bol, et les blancs dans un autre. Mêlez avec les jaunes le sucre que vous avez pesé, un peu d'écorce de citron râpée, et un peu d'eau de fleur d'orange; battez-les bien ensemble pendant une demi-heure, puis ajoutez-y les blancs battus jusqu'à consistance d'une forte neige, et mêlez-y peu à peu la farine, en battant toujours. Puis mettez ce mélange dans une tourtière bien beurrée, et faites cuire pendant une heure et demie. Glacez ou non, à votre volonté.

Gâteau en biscuit.
(A light sponge cake.)

Prenez dix jaunes et cinq blancs d'œufs; battez-les ensemble dans une terrine pendant une demi-heure, puis ajoutez-y une livre de sucre en poudre passé au tamis;

battez encore le sucre et les œufs pendant uue demi-heure, puis ajoutez-y trois quarterons de farine bien séchée, et une cuillerée d'eau de fleur d'orange. Mêlez bien , puis beurrez la tourtière ; mettez-y le gâteau , et faites cuire pendant une heure et demie dans un four modérément chaud. Il faut avoir soin de ne pas le mettre tout de suite au four , autrement il ne sera pas léger.

Gâteaux à la royale.
(Royal cakes.)

Mettez dans une poêle un poisson d'eau, un morceau de beurre gros comme la moitié d'un œuf, deux onces de sucre, un peu d'écorce de citron râpée, et nn peu de sel ; faites bouillir environ une demi-minute, mettez-y petit à petit en remuant toujours, quatre cuillerées de farine , et remuez jusqu'à consistance d'une pâte assez ferme et bien unie , et jusqu'à ce qu'il commence à s'attacher à la poêle; puis ôtez-le du feu, et ajoutez-y petit à petit trois œufs bien battus, en remuant toujours, afin qu'il ne s'y trouve point de grumeaux; puis ajoutez-y un peu d'eau de fleur d'orange , et quelques amandes broyées fin. Faites-en des petits gâteaux , et mettez-les au four sur une feuille de fer-blanc bien beurrée. Il leur suffit d'une demi-heure de cuisson dans un four modérément chaud.

Gâteau au riz.
(A rice cake.)

Mettez un quarteron de riz bien lavé dans une poêle, avec un demi-setier d'eau ; lorsqu'il commence à s'enfler, ajoutez-y un demi-setier de lait, et laissez sur le

feu jusqu'à ce que le riz soit bien mêlé avec le liquide,
et qu'il soit bien tendre. Retirez-le du feu, laissez-le rafraîchir, puis ajoutez-y cinq quarterons de farine, une demi-livre de beurre, quatre œufs, et un peu de sel. Pétrissez le tout bien ensemble, faites-en un gâteau, glacez-le
de jaunes d'œufs, et mettez au four pendant une heure
dans une tourtière bien beurrée.

Gâteau aux amandes.
(An almond cake.)

Prenez cinq quarterons de farine ; faites un trou au
milieu, mettez-y un morceau de beurre gros comme la
moitié d'un œuf, quatre œufs bien battus, un quarteron
de sucre passé au tamis, six onces d'amandes blanchies
et broyées avec de l'eau de fleur d'orange, et un peu de
sel. Pétrissez bien, glacez de jaunes d'œufs, et mettez
au four dans une tourtière bien beurrée.

Biscuits à la napolitaine.
(Naples biscuits.)

Mettez dans une poêle un poisson d'eau, deux cuillerées d'eau de fleur d'orange, et une demi-livre de sucre
tamisé ; laissez bouillir jusqu'à ce que le sucre soit fondu, puis versez sur quatre œufs bien battus, et remuez-
le tout aussi vite que possible pendant que vous versez.
Battez bien toujours jusqu'à ce que le mélange soit froid,
puis délayez-y une demi-livre de farine, toujours en
remuant. Faites des petits moules de papier blanc, versez-y le mélange, et mettez-les au four sur des feuilles
de fer-blanc, après les avoir saupoudrés de sucre passé
au tamis. Il faut avoir soin qu'ils ne brûlent pas et qu'ils

ne prennent pas une mauvaise couleur. Le four doit être très-peu chaud.

Biscuits ordinaires.
(Sponge biscuit.)

Prenez quartorze onces de farine bien séchée , une livre de sucre passé au tamis , et seize œufs. Battez-en les jaunes avec du sucre jusqu'à consistance d'une forte neige , puis battez également les blancs ; puis mêlez-les avec les jaunes et le sucre , mais ne remuez pas plus qu'il ne suffit pour les bien mêler. Après cela , mettez-y la farine. petit à petit en remuant ; beurrez bien les moules , versez-y le mélange , saupoudrez d'un peu de sucre , et faites cuire dans un four modérément chaud. Sortez-les des moules avant qu'ils soient froids.

Biscuits de Savoie.
(Savoy biscuits.)

Prenez six œufs , séparez-en les blancs des jaunes , mêlez les jaunes avec six onces de sucre en poudre fine, et l'écorce d'un citron râpée ; battez-les ensemble pendant un quart d'heure ; puis battez les blancs en forte neige , mêlez-les avec les jaunes , et ajoutez-y cinq onces de farine bien séchée. Remuez bien le tout, puis, avec un morceau plat d'ivoire , sortez le mélange , et coulez-le sur du papier blanc dans les formes et la grosseur convenables. Saupoudrez les biscuits de sucre passé au tamis, et faites-les cuire dans un four très-chaud ; mais il faut avoir bien soin qu'ils ne brûlent pas , car il ne faut pour cela que quelques secondes au delà du temps de leur cuisson convenable.

Biscuits croquans.
(Short biscuits.)

Battez une demi-livre de beurre à consistance de crème , puis ajoutez-y une demi-livre de sucre passé au tamis, deux jaunes d'œufs, et un peu de carvi. Mêlez-y une livre de farine bien séchée , et ajoutez-y suffisamment de crème pour lui donner la consistance convenable pour passer votre pâte au rouleau. Roulez , et coupez en forme de gâteaux avec le dessus d'un verre. Faites cuire sur des feuilles de fer-blanc pendant environ une demi-heure.

Autre manière.
(Another way.)

Un quarteron de beurre battu jusqu'à consistance de crème , six onces de sucre passé au tamis, quatre jaunes d'œufs, trois quarterons de farine, un peu de macis, et un peu d'écorce de citron râpée.

Faites-en une pâte, passez au rouleau, et coupez en gâteaux avec le dessus d'un verre. Vous pouvez y ajouter des raisins de Corinthe ou du carvi, à votre volonté.

Biscuits à la Coriandre.
(Coriander biscuits.)

Prenez quatre jaunes et deux blancs d'œufs bien battus ; ajoutez-y quatre cuillerées d'eau de fleur d'orange, deux cuillerées d'eau de rose, deux cuillerées d'eau commune, et une livre de sucre passé au tamis. Battez tout cela ensemble pendant une heure, puis mêlez-y une livre de farine bien séchée, et une once de graines de coriandre.

Beurrez des petits moules , versez-y le mélange, et faites cuire dans un four modérément chaud. Au lieu de moules de fer-blanc , vous pouvez vous servir de moules de papier , à votre commodité.

Biscuits à la reine Anne.
(Queen Anne's biscuits.)

Prenez une livre de farine bien séchée, une demi-livre de sucre passé au tamis, une livre de raisins de Corinthe bien lavés et épluchés, et une demi-livre de beurre. Mêlez-le beurre dans la farine , puis le sucre et les raisins ; ajoutez-y dix cuillerées de crème, trois jaunes d'œufs, trois cuillerées de vin de liqueur, et un peu de macis pilé fin. Pétrissez bien, mettez votre pâte devant le feu jusqu'à ce qu'elle soit entièrement chauffée, puis faites-en des gâteaux ; mettez-les sur une feuille de fer-blanc bien beurrée ; piquez-les tout plein de petits trous dessus, et faites cuire dans un four bien chaud.

Gâteaux à la Bath.
(Bath cakes.)

Pétrissez une livre de farine avec trois quarterons de beurre, et une demi-livre de sucre ; battez trois jaunes et un blanc d'œuf, avec quatre cuillerées de bonne levûre de bière forte : puis chauffez six cuillerées de crème, passez-y au tamis les œufs et la levûre, et versez dans la pâte. Faites de cela une pâte légère, faites-la lever pendant une heure, faites-en des petits gâteaux, semez-y de la confiture de carvi, mettez-les sur une feuille de fer-blanc bien beurrée, et faites cuire dans un four assez chaud.

Pain à la diète.
(Diet bread.)

Prenez de la farine en quantité égale au poids de vingt œufs, et du sucre en quantité égale au poids de dix œufs. Cassez quinze œufs ; séparez-en les jaunes des blancs. Mêlez bien le sucre avec les jaunes, et battez les blancs en forte neige ; mêlez-y les jaunes et le sucre, et puis la farine, en remuant, après l'avoir bien séchée. Beurrez-la feuille de fer-blanc, et faites cuire dans un four modérément chaud.

Gâteaux à la Shrewsbury.
(Shrewsbury cakes.)

Battez avec la main une livre de beurre frais jusqu'à consistance de crème, puis mêlez-y une livre de sucre passé au tamis, un peu de canelle et de macis pilés fin, et quatre œufs bien battus. Lorsque tout cela est bien mêlé ensemble, mettez-y deux livres de farine bien séchée ; pétrissez, passez au rouleau, et coupez-en gâ-teaux ronds de la grandeur que vous voudrez. Mettez-les sur une feuille de fer-blanc étamée, bien beurrée, et mettez dans un four doux ; sortez-les-en au moment où ils se roussissent.

Gâteaux à la reine.
(Queen cakes.)

Prenez six onces de beurre battu jusqu'a consistance de crème, six onces de sucre en poudre fine, six onces de farine, quatre jaunes et deux blancs d'œufs, un peu d'eau de fleur d'orange, et un peu de raisins de Corinthe ;

battez-les ensemble pendant une demi-heure, puis beurrez des petits moules, remplissez-les à moitié, et mettez au four. Ils sont bientôt cuits.

Gâteaux de mer.
(Water cakes.)

Prenez une livre de farine, mêlez-y un quarteron de sucre en poudre fine, puis ajoutez cinq onces de sucre en poudre, et un peu de carvi. Pétrissez avec du lait; passez au rouleau très-mince, et coupez-en des gâteaux avec le dessus d'un verre. Mettez-les sur des feuilles de fer-blanc, et mettez au four.

Gâteaux à la petite Marthe.
(Little Patty's cakes.)

Prenez une livre de farine, mêlez-y une demi-livre de beurre, une demi-livre de sucre passé au tamis, une demi-livre de raisins de Corinthe bien lavés et épluchés, et un peu de macis pilé. Mêlez tout cela avec quatre œufs bien battus; faites-en des petits gâteaux, et mettez-les sur des feuilles de fer-blanc bien beurrées. Faites cuire pendant une demi-heure dans un four bien chaud.

Gâteau au riz.
(A rice cake.)

Prenez seize jaunes et huits blancs d'œufs : battez-les bien, puis ajoutez-y une livre de sucre passé au tamis, et battez cela pendant un quart d'heure. Passez une livre de farine de riz à travers un tamis de mousseline; mêlez-y les œufs et le sucre, puis ajoutez-y l'écorce d'un citron râpée, et une cuillerée d'eau de fleur d'orange. Battez le tout pendant une heure, beurrez la tourtière, et faites cuire au four pendant une heure. Ayez soin de le mettre au four au moment où vous le mettez dans la tourtière.

Gâteau ordinaire, aux raisins de Corinthe.
(A common plum-cake.)

Prenez trois livres et demie de farine, une demi-livre de sucre, une noix-muscade râpée, huit œufs, plein un grand verre à queue d'eau-de-vie, un demi-setier de levûre de bière, une livre de beurre que vous aurez fondu dans une chopine et demie de lait, et que vous mêlerez, pendant qu'il est tiède, avec les autres ingrédiens. Laissez lever pendant une heure au feu, puis pétrissez bien, ajoutez-y deux livres de raisins de Corinthe ; beurrez la tourtiere, et mettez au four.

Un autre, plus fin.
(Another, richer.)

Prenez trois livres de farine bien séchée, une demi-livre de sucre, et de la muscade, du macis, et de la canelle, bien concassés, une demi-once en tout. Ajoutez-y dix jaunes et cinq blancs d'œufs, battus avec une chopine de bonne levûre de bière, puis faites fondre une livre de beurre dans une chopine de crème, et ajoutez aux œufs et à la levûre. Laissez lever pendant une heure au feu, puis ajoutez-y trois livres de raisins de Corinthe bien lavés, épluchés, et séchés. Beurrez la tourtière, et faites cuire au four pendant une heure. Ajoutez-y de la confiture coupée par tranches, à votre volonté.

Un autre, très-fin.
(Another, very rich.)

Prenez quatre livres de farine bien séché ; mêlez-y une livre et demie de sucre en poudre, une noix-muscade râpée, et une once de macis pilé fin. Lorsqu'ils sont bien mêlés, faites un trou au milieu, et versez-y quinze jaunes et sept blancs d'œufs, bien battus, avec une chopine de bonne levûre de bière, un demi-poisson d'eau de fleur d'orange, et la même quantité de vin de liqueur ; puis faites fondre deux livres et demie de beurre dans une chopine et demie de crème, et lorsque ce mélange est tiède, versez au milieu du gâteau où sont les œufs, etc. Jetez un peu de farine etc. sur le liquide, mais ne mêlez pas le tout ensemble jusqu'à ce que vous alliez le mettre au four. Laissez lever pendant une heure devant le feu, avec un linge dessus, puis ayez tout prêt six livres de raisins de Corinthe bien lavés, épluchés et séchés, une livre d'écorces de limes et une livre décorces d'oranges coupées par tranches, et une livre d'amandes blanchies, dont la moitié, coupée par tranches longues, et l'autre moitié pilée fin. Mêlez-le tout bien ensemble, beurrez bien la tourtière, et faites cuire au four pendant deux heures et demie.

Un autre, à la Digby.
(Sir kenelm Digby's plum-cake.)

Prenez huit livres de farine, mêlez-y deux livres et demie de beurre, deux livres de sucre en poudre, quatre noix-muscades rapées, une once de macis concassé fin, et une livre d'amandes pilées fin. Mêlez ensemble douze jaunes et quatre blancs d'œufs bien battus avec une chopine de bonne levûre de bière, un demi-setier de vin de liqueur et une chopine de crème tiède; versez-les dans les autres ingrédiens, puis mêlez bien le tout, et laissez lever pendant une heure au feu. Puis ajoutez-y quatre livres de raisins de Corinthe bien lavés, épluchés et séchés, et mettez au four dans une tourtière bien beurrée.

Gâteau de M. le curé.
(The vicarage cake.)

Prenez une livre et demie de farine; une demi-livre de sucre, un peu de muscade et de gingembre rapés, deux œufs bien battus, une cuillerée de levûre de bière; et une cuillerée d'eau-de-vie. Faites-en une pâte légère avec un quarteron de beurre fondu dans un demi-setier de lait. Laissez-lever au feu pendant une demi-heure, puis ajoutez-y trois quarterons de raisins de Corinthe; beurrez la tourtière, et mettez dans un four bien chaud.

Gâteau de noces ou des rois.
(A wedding or twelfth cake.)

Prenez deux livres de beurre, battez-le en crème avec la main, puis mettez-y deux livres de sucre passé au tamis. Prenez deux livres de farine bien séchée, une demi-livre d'amandes blanchies et concassées avec de l'eau de fleur d'orange, et une once de macis concasssé. Mêlez bien ces derniers, puis battez seize jaunes et treize blancs d'œufs; ajoutez-y un petit verre de vin de liqueur et un petit verre d'eau-de-vie. Mêlez une poignée de la farine, etc., avec le sucre et le beurre, puis une cuillerée des œufs, etc., et ainsi alternativement jusqu'à ce que le tout soit bien mêlé ; battez pendant une heure avec la main , puis ajoutez-y deux livres de raisins de Corinthe , une demi-livre d'écorces de limes , une demi-livre d'écorces d'oranges , et deux cuillerées d'eau de fleur d'orange. Beurrez la tourtière , et faites cuire pendant trois heures et demie. Il faut glacer ce gâteau après la cuisson (Voyez plus loin l'article Glace pour les gâteaux.)

Gâteau à la livre.
(A pound cake.)

Prenez une livre de beurre frais , battez-le avec la main dans une terrine, jusqu'à ce qu'il ressemble à de la crème épaisse, puis mettez-y graduellement dix jaunes et cinq blancs d'œufs bien battus. Lorsqu'ils sont bien mêlés mettez-y une livre de sucre passé au tamis , une livre de farine , un peu de macis et un peu d'eau-de-vie. Battez le tout ensemble pendant une heure , puis mêlez-y une livre de raisins de Corinthe ou une once de carvi. Beurrez bien la tourtière , et faites cuire pendant une heure dans un four bien chaud.

Gâteau au carvi , à la lady *Holmeby*.
(Lady Holmeby's caraway cake.)

Prenez trois livres et demie de la plus belle farine , séchez-la bien dans un four , puis mêlez-y une livre et demie de beurre frais jusqu'à ce que le tout soit bien fin. Mettez-y une livre de sucre , quatre œufs , un demi-setier de bonne levûre forte (*ale*) , un demi-setier de vin de liqueur , un demi-setier de lait nouvellement trait , et six cuillerées d'eau de rose. Mêlez-les bien ensemble , et laissez lever pendant une demi-heure au feu , puis mettez-y un quarteron de carvi confit, et faites cuire au four pendant une heure et demie.

Gâteau anonyme.
(A cake.)

Prenez une demi-livre de beurre, une demi-livre de sucre, trois quarterons de farine, et quatre œufs. Battez le beurre en crème avec la main, puis mêlez-y petit à petit les autres ingrédiens. Vous pouvez y ajouter des raisins de Corinthe ou du carvi, à votre volonté, mais le gâteau est bien bon sans eux.

Glaces pour les gros gâteaux.
(Iceing for a cake.)

Battez quatre blancs d'œufs en forte neige, et mêlez-y petit à petit une livre de sucre passé au tamis, et une cuillerée à café de gomme arabique en poudre. Battez bien ensemble, et mettez-en une couche épaisse sur la surface et les côtés de votre gâteau. Pour durcir la glace, mettez le gâteau dans un four presque froid.

Échaudés.
Wigs.

Prenez deux livres de farine, mêlez-y une demi-livre de sucre passé au tamis, et une once de carvi. Faites fondre une demi-livre de beurre dans une chopine de lait ; lorsque la chaleur en est comme celle de lait nouvellement trait, mettez-y trois jaunes et deux blancs d'œufs, et une cuillerée de levure ; mêlez-les bien ensemble, et laissez lever pendant quatre heures. Faites-en des échaudés , et mettez au four sur des feuilles de fer-blanc enduites de beurre.

Gâteaux à la Marthe.
(Patty's excellent buns.)

Prenez deux livres de farine , mêlez-y un quarteron de beurre et un quarteron de sucre en poudre ; ajoutez-y deux œufs bien battus , une cuillerée de levure de bierre , et une cuillerée de carvi. Pétrissez le tout jusqu'à consistance d'une pâte pour faire du pain , avec du lait un peu chaud ; laissez lever pendant une nuit , et le lendemain faites-en des gâteaux et mettez au four.

Gâteaux au gingembre.
(Ginger cakes.)

Prenez quatre livres de farine ; mêlez quatre onces de gingembre en poudre très-fine ; mettez cela dans une terrine , faites un trou au milieu , puis battez six œufs et mettez-les dans une poêle avec une chopine de crème , deux livres de beurre , et une livre de sucre en poudre. Remuez-les ensemble sur un feu doux jusqu'à ce que le beurre soit entièrement fondu , puis versez-le sur la farine et le gingembre. Pétrissez , et roulez à l'épaisseur d'un quart de pouce , puis coupez en gâteaux avec le dessus d'un verre. Faites cuire dans un four vivement échauffé.

Pain-d'épices.
(Excellent ginger bread.)

Mettez dans une poêle une demi-livre de thériaque , un quarteron de sucre et un quarteron de beurre. Mettez sur le feu jusqu'à ce que le beurre soit fondu , en remuant plusieurs fois pour les bien mêler; puis versez cela dans une terrine avec un quart d'once de gingembre en poudre fine , un quarteron d'écorce d'orange confite, coupée menu , et deux onces de carvi ; vous pouvez mettre le carvi à votre volonté. Mêlez-y suffisamment de farine pour en faire une pâte assez ferme; puis passez au rouleau , et coupez en gâteaux avec le dessus d'un verre, ou faites-en des noix. Faites cuire sur des feuilles de fer - blanc dans un four bien chaud.

Muffins, *espèce de galette pour servir avec le thé.*

Faites fondre deux onces de beurre dans les trois quarts d'une chopine de lait. Battez deux jaunes d'œufs avec quatre cuillerées de levure de bierre ; et lorsque le lait ne sera que tiède , mêlez le tout dans une livre et demie de farine que vous aurez séchée devant le feu. Battez le tout bien , et faites lever pendant trois heures. Faites - en des galettes de grandeur à se tenir sur une assiette à dessert ; mettez-les au four, et lorsque le dessous commence à changer de couleur , retournez-les. Avant de les servir , rôtissez-les des deux côtés , de manière qu'elles soient croquantes. Ouvrez-les avec les doigts , mettez-y du beurre , refermez-les et mettez-les devant le feu pour les tenir chauds pendant que le beurre se fond ; au moment de les servir, coupez-les par quartiers de deux coups de couteau, ce qui vous fera huit morceaux.

Crumpets, *autre espèce de galette pour servir avec le thé.*

Prenez huit grandes cuillerées de farine , et quatre jaunes d'œufs bien battus avec quatre cuillerées de levure de bierre ; remuez le tout bien ensemble , et délayez-y une pinte de lait, en battant bien le tout à mesure que vous versez le lait. Prenez ce mélange par cuillerées , faites-en des galettes ou *crumpets*, qui doivent être de même grandeur que les *muffins* , mais très-minces , car on n'ouvre pas les crumpets comme les muffins. Mettez-les au four , retournez-les comme les muffins. Avant de les servir , rôtissez-les des deux côtés , et beurrez-les aussi des deux côtés , et coupez-les en quartiers.

CHAPITRE XI.

MANIÈRE

DE FAIRE TOUTES SORTES DE CONFITURES, CONSERVES, GELÉES, CRÈMES, TALMOUSES, FLANS, etc.

PRESERVES, JAMS, JELLIES, CREAMS, CHEESECAKES, CUSTARDS, etc.

Oranges confites.
(To preserve oranges whole.)

Prenez des bigarades très-grosses et dont les écorces soient bien épaisses ; râpez-en le zeste ; mettez les bigarades dans une grande poêle avec beaucoup d'eau froide ; mettez-les sur le feu, et laissez étuver pendant dix à douze heures, pour en ôter l'amertume ; puis sortez-les et jetez-les dans de l'eau froide ; mais ayez soin de les mettre toujours dans une grande poêle, afin qu'elles ne couchent pas les unes sur les autres : le lendemain pesez-les, et, pour chaque livre de fruit, prenez une livre de sucre et une chopine d'eau ; faites bouillir l'eau et le sucre en sirop ; clarifiez avec beaucoup de blancs d'œufs battus en neige, et écumez bien ; puis mettez-y les oranges, et laissez étuver très-doucement jusqu'à ce qu'elles deviennent bien claires; et si pendant la cuisson elles s'enfoncent des côtés, faites-leur un petit trou à un bout, et remplissez-les à mesure de sirop; mettez-les dans des pots, de manière à ce qu'elles ne couchent pas les unes sur les autres, et remplissez les pots de sirop : s'il n'y en a pas assez pour couvrir les oranges, faites-en de nouveau, en prenant pour une livre de sucre une chopine d'eau, et en clarifiant comme il est dit ci-dessus.

Marmelade d'oranges.
(Oranges marmalade.)

Prenez des oranges amères, ôtez-en le zeste; coupez-les par moitiés ; exprimez-en le jus et retirez-en les graines ; puis faites bouillir les zestes et les rognures jusqu'à ce qu'elles soient bien tendres, en changeant l'eau plusieurs fois pour en ôter l'amertume ; pelez les rognures et la moitié des zestes dans un mortier pour les réduire en pulpe, et coupez en tranches ce qui reste des zestes ; prenez pour chaque livre des oranges ainsi préparées, et pour chaque chopine du jus, trois quarterons de sucre ; mettez le tout dans une poêle, et laissez bouillir jusqu'à ce qu'il se forme en sirop; puis mettez en pots.

Coings confits.
(To preserve quinces.)

Pelez-les très-mince; retirez-en les cœurs avec un couteau pointu, et jetez-les à mesure dans de l'eau froide; faites un sirop avec une livre de sucre pour chaque chopine d'eau, suivant la quantité de votre fruit, et clarifiez bien avec des blancs d'œufs; faites bouillir assez vivement les coings jusqu'à ce qu'ils soient clairs et qu'ils commencent à se roussir; puis mettez-les dans des grands pots à fond plat, pour qu'ils ne couchent pas les uns sur les autres, et ayez soin qu'ils soient couverts de sirop.

Marmelade de coings.
(Quince marmalade.)

Pelez vos coings; ôtez-en les cœurs et coupez-les en quartiers; faites-les bouillir dans de l'eau jusqu'à ce qu'ils commencent à devenir tendres; mais laissez la poêle sans couvercle, pour qu'ils ne prennent pas trop de couleur; pelez-les en pulpe, et pour chaque livre de cette pulpe prenez trois quarterons de sucre; faites bouillir le tout vivement jusqu'à ce que vous le trouviez assez épais, et mettez en pots.

Gelée de coings.
(Quince jelly.)

Prenez le liquide où vous avez fait bouillir vos coings pour la marmelade; passez-le à la chausse, et pour chaque chopine ajoutez une livre de sucre. Faites bouillir le tout jusqu'à ce qu'il soit bien clair et assez épais.

Abricots au sirop.
(Apricots preserved in syrop.)

Prenez des abricots avant qu'ils soient bien mûrs; pelez-les très-mince; puis avec une brochette mince, faites en sortir les noyaux du côté de la tige. Mettez sur le feu une poêle avec une quantité d'eau, et lorsqu'elle bout, mettez-y les abricots; et quand ils commencent à s'attendrir, sortez et mettez-les dans de l'eau froide. S'il y en a qui crèvent, mettez-les de côté, comme vous pourrez vous en servir pour faire une marmelade ou un fromage. Faites un sirop avec une livre de sucre pour chaque chopine d'eau, clarifiez avec des blancs d'œufs ; mettez-y les abricots, et faites-les bouillir pendant dix minutes ; puis mettez dans une terrine plate, versez le sirop dessus, et couvrez avec du papier. Le lendemain, faites encore bouillir le sirop, et lorsqu'il bout, mettez-y les abricots, et faites-les bouillir pendant cinq minutes : faites de même tous les jours pendant cinq ou six jours, jusqu'à ce que les abricots soient clairs et assez cuits. Vous les rendrez bien meilleurs en faisant blanchir les amandes, et en les remettant par le même endroit d'où vous avez fait sortir les noyaux ; il faut seulement les essuyer proprement.

Abricots à l'eau-de-vie.
(Apricots preserved in brandy.)

Essuyez proprement vos abricots, mais ne les pelez pas ; faites-en sortir les noyaux comme il est dit ci-dessus, et remettez-y les amandes après les avoir fait blanchir. Pour cinquante abricots, prenez deux livres de beau sucre et une pinte d'eau ; faites-en un sirop, cla-rifiez de blancs d'œufs, et ajoutez-y un demi-setier d'eau-de-vie. Piquez les abricots, et faites-les bouillir assez vivement dans le sirop pendant une demi-heure, puis sortez-les ; mettez-les dans une grande terrine, versez le sirop dessus, et laissez reposer jusqu'au lendemain. Puis faites bouillir le sirop, mettez-y les abricots, et laissez-les bouillir pendant cinq minutes ; faites de même le troisième jour, et le quatrième mettez-les en pots, et remplissez d'eau-de-vie et de sirop en quantités égales. Vous confirez de la même manière les prunes royales et de reine-claude.

Fromage d'abricots.
(Apricots cheese.)

Faites bouillir des abricots mûrs au bain-marie, jusqu'à ce qu'ils soient tendres, puis écrasez-les dans une passoire, et pour chaque chopine de pulpe prenez trois quarterons de sucre, et faites bouillir vivement jusqu'à ce que votre fromage soit assez épais pour s'affermir. Vous le rendrez beaucoup meilleur en faisant blanchir une partie des amandes, et en les y ajoutant.

Fraises confites.
(To preserve strawberries.)

Prenez dix-huit onces de sucre pour une chopine d'eau; clarifiez de blancs d'œufs, et écumez bien; mettez-y une livre des plus belles raises, point trop mûres; échaudez-les, puis sortez-les et mettez-les de côté jusqu'au lendemain, en les couvrant de papier blanc. Le lendemain faites encore bouillir le sirop, et échaudez encore les fraises : faites de même encore deux fois, en mettant un jour entre chaque fois, puis tenez-les bien fermées jusqu'au temps où les groseilles rouges soient mûries. Prenez une chopine et quart de jus de groseilles pour une livre de sucre; faites échauder les fraises dans la gelée, puis sortez-les et mettez-les dans des verres. Puis faites bouillir ensemble la gelée et le sirop où étaient les fraises, jusqu'à ce que ce mélange soit bien clair; et lorsqu'il est rafraîchi, versez-le sur les fraises.

Épines-vinettes confites.
(To preserve barberries.)

Pour chaque livre d'épines-vinettes prenez une livre
de sucre et une chopine d'eau. Attachez les épines-vinettes en bouquets, par dix à douze ensemble; faites un
sirop du sucre et de l'eau, et faites bouillir les épines-
vinettes dedans jusqu'à ce qu'elles soient transparentes.
Si vous n'aimiez pas les arranger en bouquets, vous pouvez les détacher des tiges.

Alkekengis confits.
(To preserve morella cherries.)

Pour chaque livre d'alkekengis prenez trois quarterons
de sucre et un demi-setier et demi d'eau; faites un sirop
de l'eau et du sucre, et faites-y bouillir les alkekengis
jusqu'à ce qu'ils soient d'une très-belle couleur, en ayant
soin qu'ils ne bouillent pas trop vivement, car cela en
ferait une conserve.

Cerises au sec.
(To dry cherries.)

Prenez une livre de sucre pour quatre livres de grosses
cerises. Otez-en les tiges et les noyaux, puis faites un
sirop avec le sucre, et seulement assez d'eau pour les
couvrir; faites-y bouillir les cerises doucement pendant
environ une demi-heure. Laissez-les reposer pendant
trois ou quatre jours, puis faites bouillir le sirop, et
versez-le tout bouillant sur les cerises; laissez-les reposer
encore pendant quatre jours, puis sortez-les et mettez-
les sécher sur des tamis. Mettez-les dans un four peu

chaud, et lorsqu'elles sont assez séchées, mettez-les dans des boîtes, avec du papier blanc entre chaque couche.

Conserve de cerises.
(Cherry jam.)

Pour quatre livres de cerises prenez une livre de sucre, et une chopine de jus de groseilles rouges. Otez les noyaux, puis faites bouillir le tout ensemble jusqu'à ce qu'il soit en état de s'affermir, et mettez-le en pots.

Conserve de groseilles à maquereau.
(Gooseberry jam.)

Pour quatre livres de groseilles rouges à maquereau mûres prenez une livre de beau sucre. Coupez-en les têtes et les queues, et coupez les groseilles par moitiés, puis faites-les bouillir avec le sucre jusqu'à ce que la conserve soit en état de s'affermir. Il faut la faire bouillir pendant long-temps, et la remuer avec soin, pour qu'elle ne brûle pas.

Conserve de framboisés.
(Rasberry jam.)

Pour chaque livre de framboises prenez trois quarterons de sucre, et un demi-setier d'eau. Faites un sirop de l'eau et du sucre; puis mettez-y les framboises, et faites bouillir le tout vivement jusqu'a ce qu'il soit en état de s'affermir. Vous pouvez y ajouter une chopine de jus de groseilles rouges pour quatre livres de framboises; mais alors il faut aussi y ajouter trois quarterons de sucre pour chaque chopine de jus.

Conserve de groseilles rouges ou de cassis.
(Red or black currant jam.)

Pour trois livres de fruit, prenez deux livres de sucre ; mêlez cela ensemble dans une poêle à confiture, et faites bouillir jusqu'à ce que votre conserve soit assez épaisse pour s'affermir, en remuant bien pour qu'elle ne brûle pas.

Conserve de prunes ou de prunelles.
(Damson, bullace, or plum jam.)

Détachez les noyaux en coupant le fruit tout autour, et prenez pour chaque livre du fruit sans les noyaux, une demi-livre de sucre. Faites bouillir votre conserve jusqu'à ce qu'elle soit en état de s'affermir.

Fromage de toute espèce de prunes.
(Damson, bullace, or plum cheese of any kind.)

Pour quatre livres de fruit prenez une livre de sucre. Faites bouillir le fruit au bain-marie jusqu'à ce qu'il soit bien attendri, puis écrasez-le dans une passoire. Faites bouillir la pulpe avec le sucre jusqu'à ce que votre fromage soit en état de s'affermir. Vous le rendrez beaucoup meilleur en faisant blanchir une partie des amandes, et en les y mettant.

Fromage clair de prunes de damas, ou de prunelles.
(Clear damson or bullace cheese.)

Échaudez le fruit comme il est dit dans l'article précédant ; faites passer le jus au tamis, mais ayez soin de ne pas écraser le fruit, afin qu'il ne passe rien que le jus. Pour chaque chopine de ce jus prenez trois quarterons de sucre, et faites bouillir cela jusqu'à ce qu'il soit en état de s'affermir.

Gelée de groseilles ou d'épines-vinettes.
(Currant or barberry jelly.)

Mettez votre fruit dans un vase de faïence avec assez d'eau pour le couvrir; faites-le bouillir au bain-marie jusqu'à ce qu'il soit tout crevé, et que l'eau soit bien imbibée du jus. Passez ce liquide à la chausse, et pour chaque chopine prenez trois quarterons de sucre. Faites bouillir à la consistance convenable.

Groseilles rouges, cassis, ou épines-vinettes, confits pour les tartes.
(Red and black currants, or barberries, for tarts.)

Faites bouillir votre fruit avec une quantité de sucre égale à la moitté de son poids, pendant environ une heure. Lorsqu'il est rafraîchi, mettez-le en bouteilles, et mettez environ une demi-cuillerée d'huile surfine dans chaque bouteille. L'huile s'enlèvera aisément quand vous voudrez vous servir du fruit, et elle empêche l'accès de l'air, qui pourrait faire fermenter le fruit. Bouchez les bouteilles, et déposez-les dans un endroit frais et sec.

Gelée de cassis.
(Black currant jelly.)

Vous l'apprêterez de la même manière que la gelée de groseilles; seulement vous ne remplirez le vase qu'à moitié, puis vous le remplirez d'eau.

Fruits de différentes espèces , confits pour les tartes.
(Fruit of different kinds fort tarts.)

Prenez des prunes de damas, des prunelles , ou enfin presque toute espèce de prunes , des alkekengis , des groseilles rouges ou des cassis , et mettez dans des bouteilles à grand trou avec six onces de beau sucre pour chaque bouteille. Attachez un morceau de vessie sur le trou de chaque bouteille , piquez-la avec une épingle , et faites bouillir au bain-marie jusqu'à ce que le sirop s'élève au-dessus du fruit. Laissez rafraîchir , puis attachez encore un morceau de vessie dessus l'autre , afin que l'air soit entièrement exclu.

Vous pouvez aussi conserver de la manière suivante des prunes de damas et des prunelles pour vous en servir l'hiver pour des tartes et des puddings. Mettez-les dans des vases de grès , puis mettez les vases dans un four peu chaud. Laissez-les-y pendant la nuit, et répétez cela tous les jours jusqu'à ce qu'elles soient bien cuites. Il faut y ajouter du sucre en quantité égale à la moitié de leur poids, mais après que vous les aurez mises au four deux ou trois fois. Il faut les peser avant de les mettre dans les vases.

Sirop d'oranges.
(Oranges syrup.)

Pour chaque chopine de jus d'oranges amères que vous aurez passé à travers un tamis fin, prenez vingt-deux onces de sucre. Laissez cela dans un bol jusqu'à ce que le sucre soit fondu, et écumez à mesure; mettez en bouteilles, mais ne les bouchez pas très-serré. Ce sirop est bien bon pour faire du punch, ou en sauce pour des puddings d'un genre simple.

Sirop de mûres.
(Mulberry syrup.)

Mettez les mûres au bain-marie dans un pot de faïence, jusqu'à ce qu'elles aient rendu tout leur suc. Passez-les dans un linge, et prenez pour chaque chopine de jus trois quarterons de sucre. Faites bouillir jusqu'à ce que le sirop soit assez épais ; et lorsqu'il est rafraichi, mettez-le en bouteilles.

Pommes cuites.
(To stews pippins.)

Faites un sirop avec une demi-livre de sucre pour une chopine d'eau, et clarifiez avec des blancs d'œufs. Pelez des pommes de rainette, retirez-en les cœurs avec une videlle, et faites-les étuver doucement dans le sirop jusqu'à ce qu'elles soient bien claires. Pour garniture, vous pouvez prendre de l'écorce de citron ; coupez-la en tranches très-minces, échaudez-la pendant quelques minutes dans de l'eau, et mettez-la étuver avec les pommes.

Poires cuites.
(Stewed pears.)

Coupez six poires par moitiés et ôtez-en les cœurs ; mettez-les dans une casserole de fer-blanc, le côté plat en dessus. Versez dessus un poisson de bon vin rouge, une demi-livre de sucre, et assez d'eau pour les couvrir, avec quelques clous de girofle. Laissez étuver jusqu'à ce

que les poires soient tendres, et tenez la casserole fermée
pour leur donner un beau rouge.

Autre manière.
(Another way.)

Pelez les poires et retirez-en les cœurs avec une
videlle. Pour chaque livre prenez une demi-livre de sucre
et un demi-setier d'eau. Faites un sirop avec de l'eau
et du sucre, puis mettez-y les poires avec de l'écorce de
citron et des clous de girofle, et laissez-les bouillir assez
vivement jusqu'à ce qu'elles aient pris un beau rouge.
Elles se gardent pendant six semaines ou deux mois.

Gelée de corne de cerf.
(Hartshorn jelly.)

Faites bouillir une livre de raclures de cornes de cerf
dans trois pintes d'eau, jusqu'à ce qu'elle soit réduite à
une pinte; égouttez-la et mettez-la de côté jusqu'au lendemain, puis mettez-la dans une casserole et faites-la
fondre sur un feu doux avec une demi-livre du plus
beau sucre; lorsqu'elle est fondue, ajoutez-y un demi-
setier de bon vin blanc, le jus de six citrons, les pelures
de deux, et dix blancs d'œufs battus en neige. Faites
bouillir le tout ensemble pendant cinq minutes; cassez
quelques coquilles d'œufs, mettez-les dans la chausse,
passez-y la gelée trois ou quatre fois jusqu'à ce qu'elle
soit bien claire, puis mettez-la dans des verres. Si vous
voulez la mettre dans des moules, ajoutez une once de
colle de poisson aux raclures de corne de cerf.

Gelée de pieds de veau.
(Calve's feet jelly.)

Faites bouillir deux pieds de veau dans trois pintes d'eau, jusqu'à ce qu'elle soit réduite à moitié, et écumez la graisse avec soin. Passez le jus à travers un tamis fin, et mettez-le de côté jusqu'au lendemain. Enlevez l'écume et le dépôt, puis mettez la gelée dans une casserole avec une chopine de bon vin blanc, une demi-livre de beau sucre, le jus de quatre ou cinq citrons, et huit blancs d'œufs battus en neige. Laissez bouillir la gelée pendant cinq ou six minutes, puis passez-la à la chausse jusqu'à ce qu'elle soit bien claire. Vous pouvez faire bouillir une partie des pelures des citrons avec la gelée, à votre volonté.

Gelée d'oranges douces.
(China orange jelly.)

Faites bouillir deux onces de colle de poisson dans une chopine d'eau, jusqu'à ce qu'elle soit réduite à un demi-setier. Laissez rafraîchir, puis ajoutez-y une chopine de jus d'oranges que vous aurez passé à travers un tamis de mousseline, quelques-unes des écorces, une demi-livre de beau sucre, et six blancs d'œufs battus en neige. Faites bouillir le tout ensemble pendant environ dix minutes, puis passez votre gelée à la chausse jusqu'à ce qu'elle soit bien claire.

Blanc-manger.

Mettez une once de colle de poisson dans un bassin avec seulement assez d'eau bouillante pour la couvrir, et laissez reposer jusqu'au lendemain. Ajoutez-y une chopine de crème, deux cuillerées d'eau de fleur d'orage, et du sucre, à votre goût; faites bouillir le tout ensemble jusqu'à ce que la colle soit fondue, et faites le passer par un tamis fin dans des moules. Il faut les bien mouiller auparavant avec de l'eau froide.

Jaune-manger.

Versez un demi-setier d'eau bouillante sur une once de colle de poisson, et laissez reposer jusqu'au lendemain. Ajoutez-y huit jaunes d'œufs bien battus, un demi-setier de bon vin blanc, du jus et de l'écorce de citron, et du sucre, à votre goût. Mettez le tout sur un feu vif jusqu'à ce que la colle soit fondue, en remuant toujours, puis passez par un tamis fin dans des moules que vous aurez mouillés avec de l'eau froide.

Crème de citron.
(Lemon cream.)

Prenez neuf blancs et un jaune d'œufs; battez-les bien ensemble jusqu'à ce qu'ils aient pris la consistance d'eau, mais il ne faut pas qu'ils soient en neige. Ajoutez-y neuf cuillerées d'eau froide, du jus de citron et du sucre, à votre goût. Passez le tout à travers un tamis fin, ajoutez-y le zeste d'un citron, en remuant toujours jusqu'à consistance de crème. Ayez soin de ne pas la laisser trop long-temps sur le feu lorsqu'elle commence à s'épaissir, autrement elle deviendrait trop épaisse.

Posset au citron, ou aux oranges amères.
(Seville orange, or lemon posset.)

Mettez du jus de citrons ou d'oranges amères, ou de

tous les deux, dans un plat de cristal, et ajoutez-y beaucoup de sucre ; prenez de la crème et chauffez-la bien
sur le feu, mais sans la laisser bouillir ; mettez-la dans
une théière et versez-la sur le jus, en tenant la théière
très-haut, pour que la crème puisse mieux mousser et
cailler. Au défaut de crème, vous pouvez vous servir de
lait épaissi avec un ou deux jaunes d'œufs.

Syllabub.

Mettez de la belle crème dans un vase de faïence profond ; ajoutez-y du bon vin blanc, du jus de citron et
du sucre, à votre goût ; faites bien mousser ensemble
avec un moussoir, et à mesure que la mousse se forme,
enlevez-la avec une cuiller et mettez-la dans des verres.
Il faut le faire la veille du jour où vous voulez vous en
servir. Les syllabubs sont très-jolis dans l'été , faits avec
du jus de groseilles rouges, au lieu de jus de citron.

Bagatelle.
(Trifle.)

Mettez dans un plat profond de cristal des macarons,
des biscuits de ratafia et de Savoie, et versez dessus autant de bon vin blanc qu'ils imbiberont, puis faites un
flan avec quatre jaunes d'œufs pour une chopine de
crème, et sucrez à votre goût. Ayez soin qu'il soit très-
égal. Lorsqu'il est assez épais, retirez-le du feu : il ne
doit pas bouillir. Lorsqu'il est refroidi, versez-le sur les
biscuits, puis battez en neige du vin blanc , du jus de
citron et du sucre, et mettez la neige par-dessus le flan
aussi haut que vous pourrez. Après que votre bagatelle a
reposé pendant quelque temps et qu'elle est refroidie,
parsemez de nonpareilles de différentes couleurs.

Autre manière.
(Another way.)

Pour une pinte de belle crème, prenez un poisson de vin de liqueur, le jus d'un citron et son écorce râpée très-fin, avec du sucre en poudre, à votre goût ; battez ce mélange en la plus forte neige ; laissez reposer pendant quelque temps pour que le liquide se rassoie sous la neige ; prenez ce liquide et mettez-y des biscuits à la napolitaine coupés par tranches longues, des macarons et des biscuits de ratafia autant qu'il en faut pour tout imbiber ; mettez-en une couche dans un plat de cristal, puis une couche de gelée de groseilles pas trop épaisse, et ainsi de suite jusqu'à ce que le plat soit rempli, puis mettez la neige par-dessus.

Crême aux œufs.
(Blanched cream.)

Battez bien sept blancs d'œufs avec environ un poisson de belle crème ; cela faisant, mettez une chopine de belle crème sur le feu avec deux cuillerées d'eau de fleur d'orange et deux de sucre : lorsque ce mélange bout, passez-y au tamis les œufs et la crème que vous avez battus ensemble, et remettez le tout sur le feu jusqu'à ce qu'il se caille bien, en remuant toujours pour qu'il ne brûle pas ; passez votre crème au tamis, et mettez-la dans des tasses ou des verres.

Crème à la Devonshire.
(Devonshire cream.)

Mettez quatre pintes de lait nouvellement trait dans

une casserole sur un feu clair; laissez-le sur le feu jusqu'à ce que l'écume commence à se lever aux bords : il
ne faut pas le laisser bouillir; laissez-le reposer dans la
casserole pendant vingt-quatre heures, puis écrèmez-le.

Fromage à la crème.
(Fresh cheese.)

Sucrez à votre goût du lait nouvellement trait; râpez-
y un peu de muscade, et mettez-y un peu de présure,
autant qu'il en faut pour en faire des mattes très-tendres.
Il faut le faire dans le plat où vous voulez le servir.

Yourt à la Turque.
(Turkish yourt.)

Laissez reposer une petite quantité de lait jusqu'à ce
qu'il aigrisse, et mettez-en dans du lait nouvellement
trait autant qu'il en faut pour en faire des mattes tendres. Vous pouvez le servir avec du sucre seulement,
ou avec des framboises, ou avec toute espèce de confiture.

Flans bouillis.
(Boiled custards.)

Si vous le faites avec de la crème, prenez quatre jaunes d'œufs pour une chopine; si avec du lait, il en faut
six et une cuillerée à café de belle farine de riz; mettez-y
du sucre et quelques amandes amères broyées mince, ou
une feuille de laurier, ou un peu d'eau de fleur d'orange
ou de rose; ayez soin de remuer ce mélange pendant
tout le temps qu'il est sur le feu pour qu'il ne caille.
Quelquefois on prend des oranges confites : on les coupe

par moitiés, on enlève le dedans et on les remplit de ce flan : c'est un plat très-délicat.

Flans au four.
(Baked custards.)

Faites bouillir du lait ou de la crème avec un morceau de canelle ou de noix-muscade, ou une feuille de laurier, et laissez reposer jusqu'à ce qu'il soit presque refroidi. Si c'est de la crème, ajoutez-y quatre jaunes d'œufs ; si du lait, six avec du sucre, à votre goût ; versez dans des tasses, et mettez au four.

Flans aux amandes.
(Almond custards.)

Prenez une chopine de crème , un quarteron d'amandes blanchies et broyées menues, avec de l'eau de fleur d'orange, quatre jaunes d'œufs et du sucre, à votre goût ; remuez cela sur le feu jusqu'à ce qu'il épaississe, puis versez dans des tasses.

Flans aux groseilles à maquereau.
(Gooseberry custards.)

Échaudez des groseilles à maquereau vertes ; égouttez et écrasez-les dans une passoire : pour une chopine de la purée, prenez quatre œufs, deux cuillerées d'eau de fleur d'orange et du sucre, à votre goût ; mettez ce mélange sur le feu jusqu'à ce qu'il épaississe, puis versez dans des verres ou des tasses.

Groseilles à maquereau à la crème.
(Gooseberry fool.)

Mettez des groseilles à maquereau vertes dans un pot

de faïence ; faites les mijoter au bain-marie jusqu'à ce qu'elles soient bien tendres, puis écrasez-les dans une passoire, et mêlez avec la purée environ une quantité égale de crème ou de lait, ou davantage, s'il en faut.

Conserves à la crème.
(Preserves with cream.)

Pour une livre de conserve de framboises, de groseilles à maquereau, ou toute autre, prenez une chopine de bonne crème, ou davantage, suivant votre goût ; mêlez-les ensemble. Au défaut de crème, substituez-y du lait nouvellement trait, épaissi sur le feu, sans le laisser bouillir, avec une cuillerée de farine de riz ou une demi-cuillerée, et deux jaunes d'œufs.

Talmouses.
(Cheesecakes.)

Mettez une chopine de crème sur le feu, et lorsqu'elle bout, mettez-y huit jaunes et quatre blancs d'œufs, ces derniers bien battus. Lorsqu'elle est bien caillée, mettez-la égoutter dans un tamis de mousseline, et pendant que les mattes sont chaudes, mettez-y un quarteron de beurre coupé par tranches ; laissez refroidir, puis ajoutez-y deux onces d'amandes blanchies et broyées avec de l'eau de fleur d'orange, un peu de vin de liqueur, un peu de macis et de muscade broyés, et du sucre, à votre goût. Mettez au four dans une pâte feuilletée ; ajoutez-y des raisins de Corinthe ou de la confiture, à votre volonté.

Autre manière.
(Another way.)

Broyez dans un mortier une livre et demie de mattes bien égouttées, avec dix onces de beurre, jusqu'à ce que le mélange ait pris une seule couleur. Ajoutez-y un quarteron d'amandes blanchies et broyées fin avec de l'eau de fleur d'orange, huit jaunes et quatre blancs d'œufs, un peu de macis broyé et du sucre, à votre goût; enduisez de beurre vos moules; garnissez-les d'une pâte feuilletée, et mettez-les dans un four bien chaud : un quart d'heure suffira.

Talmouses simples.
(Plain cheesecakes.)

Prenez trois quarterons de mattes et un quarteron de beurre; broyez-les ensemble dans un mortier. Ajoutez-y un quarteron de pain trempé dans du lait, trois œufs, six onces de raisins de Corinthe, du sucre, à votre goût, un peu d'écorce d'orange confite et un peu de vin de liqueur; garnissez vos moules d'une pâte feuilletée, et faites cuire dans un four bien chaud.

Talmouses au citron.
(Lemon cheesecakes.)

Mêlez ensemble un quarteron de beurre frais que vous aurez fait fondre, quatre œufs, deux onces de biscuit à la Napolitaine râpé, le jus d'un citron et son écorce râpée, et du sucre à votre goût. Faites-les cuire dans une pâte feuilletée, et ayez soin de ne pas en mettre trop dans chaque moule. Ajoutez encore du jus de citron, s'il en faut.

Autre manière.
(Another way.)

Faites bouillir les écorces de deux citrons jusqu'à ce qu'elles soient bien tendres , puis broyez-les bien dans un mortier ; ajoutez huit jaunes et quatre blancs d'œufs, une demi-livre de sucre , une chopine de crème , le jus de deux citrons , et deux biscuits à la napolitaine râpés. Mêlez tout cela bien ensemble , et mettez-le épaissir sur un feu doux, en remuant toujours. Lorsqu'il commence à épaissir , retirez-le du feu , et remuez toujours jusqu'à ce qu'il soit refroidi. Garnissez vos moules de pâte feuilletée , saupoudrez les talmouses de sucre , et mettez au four.

Talmouses aux amandes.
(Almond cheesecakes.)

Mêlez ensemble une demi-livre d'amandes blanchies et broyées avec de l'eau de fleur d'orange , deux biscuits à la napolitaine râpés , une demi-livre de beurre frais que vous aurez fait fondre, huit jaunes et quatre blancs d'œufs , le jus d'une orange amère ou d'un citron , l'écorce râpée , et du sucre , à votre goût. Faites-les cuire dans une pâte feuilletée.

Conserves de hachis.
(Minced meat.)

Faites bouillir du bœuf maigre , ôtez-en toute la peau et les cartilages , et pour deux livres de ce bœuf, prenez une livre de raisins secs dont vous aurez ôté les pepins , et hachez le tout très-menu. Hachez aussi très-menu quatre livres de graisse de bœuf , et lavez , épluchez et séchez trois livres de raisins de Corinthe ; prenez une livre et quart de sucre en poudre , broyez des clous de girofle , de la muscade , du macis et de la canelle , un quart d'once de chaque espèce ; prenez de l'écorce d'orange , de lime et de citron , un quarteron de chaque espèce , et coupez en tranches minces , mais pas trop longues. Râpez l'écorce de deux citrons , prenez douze grosses pommes , pelez-les , enlevez-en le cœur, hachez-les , puis mêlez tous ces ingrédiens bien ensemble avec une chopine de bon vin rouge , un demi-setier de vin de liqueur , un demi-setier de jus de citron , et une cuillerée de sel. Mettez le tout dans un vase de grès , en le pressant bien serré , fermez bien , et servez-vous en à besoin. Elle se gardera pendant cinq ou six semaines.

On s'en sert pour faire des pâtés , tant gros que petits. Un pudding à la Cheshire est bien bon avec une couche assez épaisse d'émincée au lieu de confiture.

CHAPITRE XII.

MANIÈRE
DE FAIRE TOUTES SORTES DE SAUCES.
(*SAUCES.*)

Sauce blanche.
(To melt butter.)

Prenez un quarteron de beurre, avec plein deux cuillers à café de crème ; tournez au-dessus d'un feu clair jusqu'à ce que le beurre soit entièrement fondu. Il faut toujours tourner dans le même sens, et avoir soin que le poêlon ne touche pas le feu.

Composition pour colorer les sauces.
(A Colouring for sauces.)

Mettez six onces de sucre dans une casserole, avec un poisson d'eau, et près d'une once de beurre. Mettez ce mélange sur un feu doux, en remuant avec une cuiller de bois jusqu'à ce qu'il soit d'un beau brun, puis ajoutez-y encore de l'eau ; écumez pendant qu'il bout, puis égouttez-le. Gardez-le dans un vase bien fermé.

Soy à l'anglaise.
(English soy.)

Prenez des noix qui soient en état d'être marinées ;

pilez - les très-fin dans un mortier de marbre ; écrasez-
les dans une passoire ; laissez reposer le jus pour qu'il
clarifie, transvasez-le avec soin, pour le dégager de son
dépôt, et à chaque pinte de jus, mettez une livre d'anchois et deux gousses d'échalotte, puis faites cuire jusqu'à ce que l'écume se forme, et écumez bien. Ajoutez-
y deux onces de poivre de la Jamaïque, un quart d'once
de macis, et un demi-setier de vinaigre, puis faites
encore bouillir jusqu'à ce que les anchois soient tombés
au fond, et que l'échalotte soit tendre ; laissez reposer
jusqu'au lendemain, puis transvasez-le clair, et mettez-
le en bouteilles ; passez les fondrilles, et mettez-les en
bouteilles séparément. Quand vous servez votre poisson,
ajoutez-y de ce *soy* à la sauce aux anchois.

Marinade de citron.
(Lemon pickle.)

Enlevez l'écorce de douze citrons; faites-leur un trou.
à chaque bout, d'environ un pouce de profondeur, et
faites-y entrer autant de sel qu'il est possible, et frottez-
en aussi l'extérieur. Mettez-les dans un pot de faïence
pendant trois jours, après avoir jeté beaucoup de sel
dessus; puis mettez-y douze gousses d'ail, et une grande
poignée de raifort coupé par tranches : faites-les sécher
dans le sel, dans un four chauffé à petit feu, jusqu'à ce
qu'il ne reste plus de jus dans les citrons. Il faut auparavant sécher l'ail et le raifort légèrement. Lorsqu'ils
sont cuits, prenez quatre pintes de vinaigre, une demi-
once de clous de girofle, et un peu de poivre de Cayenne:
faites bouillir ce mélange ; lorsqu'il est froid, mettez-y
un quarteron de farine de moutarde en remuant, et

versez-le sur les citrons, l'ail, et le raifort. La moitié de cette quantité vous durera long-temps; si elle s'épaissit trop avec le temps, mêlez-y une chopine de vinaigre froid. Après six mois, il faut la filtrer à travers du papier jusqu'à ce qu'elle soit parfaitement claire.

Sauce à la quin pour le poisson.
(Quin's fish sauce.)

Un-demi-setier de marinade de noix, la même quantité de marinade de champignons, six anchois pilés, six autres entiers, la moitié d'une cuillerée à café de poivre de Cayenne. Secouez bien lorsque vous vous en servez.

Catsup *aux noix.*
(Walnut catsup.)

Prenez cent noix en état d'être marinées ; coupez-les par tranches, et broyez-les dans un mortier avec trois quarterons de sel gris. Faites bouillir deux pintes de vinaigre, et versez dessus ; laissez reposer pendant deux jours, puis égouttez et mettez en bouteilles, et mettez dans chaque bouteille une gousse d'ail. Après avoir retiré le vinaigre, vous pouvez en verser encore une pinte sur les noix : il vous servira de suite en le remuant bien.

Catsup *aux huîtres.*
(Oyster Catsup.)

Prenez cinq cents huîtres, lavez-les dans leur propre jus, qu'il faut bouillir et bien écumer, puis hachez-les menu, et faites-les étuver dans le jus pendant une demi-heure. Égouttez-le et ajoutez-y une chopine de vin de Madère, un quarteron d'anchois, une demi - once de poivre noir, un quart d'once de macis, de muscade et de gingembre, dix clous de girofle, et quatre feuilles de laurier. Faites bouillir pendant dix minutes, et mettez en bouteilles. Il faut y mettre les épices. Cette quantité d'huîtres fera environ quatre pintes de *catsup*.

Catsup *aux champignons*.
(Mushroom catsup.)

Choisissez des champignons gros et larges, coupez-les par morceaux, mettez-les dans une terrine, semez-y du sel, et remuez-les de temps en temps pendant trois jours. Laissez-les reposer pendant encore douze jours, jusqu'à ce qu'ils soient couverts d'une écume épaisse. Égouttez le jus, et faites le bouillir avec des quatre-épices, du poivre noir, du macis, du gingembre, un ou deux clous de girofle et de la graine de moutarde. Lorsqu'il est froid, mettez-le en bouteilles, et attachez des morceaux de vessie sur les bouchons. Si vous voulez le garder, faites-le bouillir encore avec de nouvelles épices au bout de deux ou trois mois, alors il se gardera pendant un an, ou davantage.

Vinaigre de sureau.
(Elder vinegar.)

Enlevez des fleurs de sureau de la tige, et faites-les sécher sur une feuille de papier. Lorsqu'elles sont bien sèches, mettez-les en bouteilles, et emplissez les bouteilles de vinaigre. Bouchez bien. Le vinaigre sera en état de vous servir dans cinq ou six semaines.

Vinaigre de concombres.
(Cucumber vinegar.)

Prenez quinze gros concombres, pelez et coupez-les
en tranches minces, mettez-les dans un pot de faïence
avec une pinte de vinaigre, quatre ognons coupés par
tranches, quelques échalotes, un peu d'ail, très-peu de
poivre de Cayenne, et un peu de poivre ordinaire et de
sel. Laissez reposer pendant quatre jours, puis égouttez et
mettez en bouteilles avec du poivre entier.

Sauce aux homards.
(Lobster sauce.)

Enlevez les œufs à un homard, broyez-les bien dans
un mortier de marbre avec un peu d'eau froide, égouttez le jus, et mettez-le en réserve. Faites bouillir le
homard, et lorsqu'il est cuit aux trois quarts, retirez-en
la chair, coupez-la en petits morceaux, et mettez-la
dans une casserole. Ajoutez à la chair d'un gros homard
une livre de beurre frais et une chopine d'eau, avec
suffisamment du jus des œufs pour lui donner une bonne
couleur. Mettez cela sur le feu, épaississez de farine
mêlée dans de l'eau; remuez jusqu'à ce qu'il bouille,
puis assaisonnez d'essence d'anchois, de jus de citron,
ou d'un peu de vinaigre et de poivre de Cayenne.
Laissez mijoter pendant cinq minutes, et écumez bien.

Sauce aux huîtres.
(Oyster sauce.)

Faites blanchir et égouttez des huîtres, et mettez en
réserve le jus qui en découlera. Lavez-les bien, ébarbez

et égouttez-les, et mettez-les dans une casserole avec du beurre frais, le jus dégagé de son dépôt, un peu de farine mêlée avec de l'eau pour l'épaissir, et un assaisonnement de jus de citron ou de bigarade, d'essence d'anchois, d'un peu de poivre de Cayenne, d'une cuillerée de *catsup* et d'un morceau d'écorce de citron. Vous ajouterez ces deux derniers articles à votre volonté, n'étant pas nécessaires. Lorsque la sauce bout, écumez-la, et laisser mijoter pendant cinq minutes.

Vous pouvez faire de la même manière une sauce aux moules et aux petoncles.

Sauce aux crevettes.
(Shrimp sauce.)

Faites bouillir des crevettes dans de l'eau et du sel pendant quatre minutes, puis épluchez, lavez et égouttez-les jusqu'à ce qu'elles soient sèches. Ajoutez-y du beurre frais, un peu de leur bouillon passé par un tamis bien fin, du jus de citron ou du verjus, de l'essence d'anchois, de la farine mêlée avec de l'eau pour la lier, et du poivre de Cayenne. Versez tout cela dans une casserole; mettez sur le feu, et écumez lorsqu'elle bout. Laissez mijoter pendant environ cinq minutes.

Sauce aux anchois.
(Anchovy sauce.)

Mettez une demi-livre de beurre frais dans une casserole avec une cuillerée de marinade de noix, une cuillerée de marinade de champignons, trois cuillerées d'essence d'anchois, de la farine mêlée avec de l'eau pour la lier, un peu de poivre de Cayenne, et une cuillerée à café de *soy* indien ou de vinaigre du Chili, à votre volonté. Faites bouillir, et écumez bien.

Sauce à la russe.
(Russian sauce.)

Mêlez ensemble quatre cuillerées de raifort ratissé, deux cuillerées de moutarde en poudre, un peu de sel, une cuillerée à café de sucre, et suffisamment de vinaigre pour couvrir ces ingrédiens.

On se sert de cette sauce pour la viande froide, mais elle est aussi une bonne sauce pour le poisson, ajoutée à une sauce blanche.

Sauce à la hâte.

Hachez du persil et de jeunes ognons très-menu, et ajoutez-y du vinaigre, une petite quantité de poivre de Cayenne, avec un peu de *soy*, ou l'espèce de *catsup* que vous voudrez.

Sauce pour les poissons, pour conserver.
(A fish sauce for keeping.)

Coupez et pilez dans un mortier de marbre des noix en état d'être marinées, pour en extraire le jus. Pour chaque chopine de ce jus prenez une livre d'anchois. Faites bouillir ensemble jusqu'à ce que les anchois soient réduits, et passez le jus par un tamis bien fin. Faites bouillir encore ce jus, avec un quart d'once de clous de girofle, un quart d'once de macis, du poivre blanc entier, six échalotes, quelques gousses d'ail, et une chopine de vinaigre. Faites bouillir toujours jusqu'à ce que les échalotes soient tendres ; passez le jus, et lorsqu'il est froid, mettez-le en bouteilles. Pour une saucière de sauce blanche, il faut une grande cuillerée de cette sauce.

Sauce à la salade.

Mêlez ensemble deux jaunes d'œufs durs, plein une cuiller à dessert de fromage de Parmesan râpé, un peu de moutarde en poudre, plein une cuiller à dessert de vinaigre de Tarragon, et une grande. cuillerée de *catsup*. Tout cela bien mêlé, ajoutez-y quatre cuillerées d'huile d'olives, et une cuillerée de vinaigre de sureau, et battez bien.

Sauce au fenouil.
(Fennel sauce.)

Prenez un peu de fenouil, de menthe et de persil; lavez et faites bouillir jusqu'à ce qu'ils soient tendres; égouttez et hachez-les menu. Mettez-les dans une sauce blanche. Ayez soin de servir la sauce immédiatement après y avoir mêlé les herbes, car elles se décolorent en restant.

Sauce blanche au persil.
(Parsley and butter.)

Lavez bien votre persil, hachez-le menu, et mettez-le dans de la sauce blanche. Beaucoup de personnes trouvent mieux de faire bouillir le persil avant de le hacher.

Sauce aux choux de Milan.
(Savoy sauce.)

Faites blanchir quelques choux de Milan, après les avoir coupés par quartiers; liez-les avec de la ficelle, et faites étuver avec la viande que vous voudrez; mais ne

les faites cuire qu'à moitié. Puis mettez-les dans une
casserole avec du jus, et faites étuver jusqu'à ce qu'ils
soient tendres.

Sauce aux pommes.
(Apple sauce.)

Pelez et ôtez le cœur à quelques grosses pommes ;
coupez-les par morceaux, et faites mijoter dans un poêlon jusqu'à ce qu'elles soient tendres, avec quelques clous
de girofle et très-peu d'eau. Battez-les jusqu'à ce qu'elles
soient bien en marmelade, et mêlez-y un peu de beurre
et de sucre.

Sauce à la menthe.
(Mint sauce.)

Lavez bien votre menthe, hachez-la menu, mettez-y
du sucre en poudre et du vinaigre à votre goût.

On se sert de cette sauce avec de l'agneau rôti.

Sauce pour les poissons.
(Fish sauce.)

Prenez deux anchois, désossez et hachez-les ; prenez
deux petits ognons, un peu de raifort, un gros de macis,
un peu de poivre, de farine et de vinaigre, deux jaunes
d'œufs, et un peu de jus. Mêlez-les bien ensemble avec
une quantité suffisante de beurre ; faites bouillir doucement jusqu'à ce qu'elle se lie, en ayant soin qu'elle ne
tourne pas en huile.

Une autre.
(Another.)

Une demi-livre de beurre, trois anchois hachés, un
jaune d'œuf, une cuillerée et demie de jus, *idem* de
vinaigre, très-peu de farine, la moitié d'un ognon, une

feuille de laurier, et un peu de muscade râpée. Faites-
les fondre sur un feu clair dans un poêlon bien étamé,
en remuant toujours pour empêcher de cailler. Lorsque
la sauce est bien liée, sortez l'ognon et la feuille de
laurier, et servez. Vous pouvez y ajouter du homard,
des crevettes ou des huîtres, à votre volonté.

Une autre, pour conserver.
(Store fish sauce.)

Une livre d'anchois, une demi-once de macis, une
demi-once de clous de girofle, deux branches de gingembre coupées par tranches, de l'écorce de citron, un ognon,
un brin de thym, un brin de sarriette vivace, un peinte
de bon vin rouge, et un demi-setier de vinaigre. Faites
bouillir tout cela pendant une heure à petit feu, bien
fermé. Passez et mettez en bouteilles, avec les épices.
Lorsque vous vous en servez, secouez la bouteille ;
prenez trois cuillerées de sauce pour une livre de beurre,
mettez dans un poêlon, remuez toujours sur le feu jusqu'à consistance de crème, mais n'y mettez point de
farine.

Sauce pour une longe de veau, à la reine Anne.
(Sauce for a loin of veal, as in queen Anne's kitchen.)

Prenez toutes espèces de fines herbes, avec deux ou
trois jaunes d'œufs durs, le tout haché très-menu ; faites
bouillir ensemble avec des raisins de Corinthe, un peu
de pain râpé, de la canelle pilée, du sucre, et deux clous
de girofle entiers. Versez cette sauce dans le plat où vous
allez dresser votre longe, avec deux ou trois tranches
d'orange.

Sauce aux navets.
(Turnip sauce.)

Secouez sur le feu six navets pelés, avec un peu d'eau, jusqu'à ce qu'il soient cuits et que le jus soit réduit ; puis écrasez-les dans un tamis. Prenez un peu de jus blanc, et coupez encore quelques navets, comme pour un haricot. Secouez-les comme les autres, et ajoutez-y encore du jus blanc.

Sauce aigre à la hollandaise, pour les poissons.
(A dutch sour sauce for fish.)

Faites bouillir deux gros de macis dans plein un verre à queue d'eau, et moitié autant de bon vinaigre, pendant un quart d'heure. Sortez le macis, et mettez dans la sauce un quarteron de beurre et un jaune d'œuf bien battu. Secouez sur le feu toujours dans le même sens, jusqu'à ce que la sauce soit bien liée, sans la laisser bouillir.

Sauce à la poivrade.
(Poivrade sauce.)

Pelez douze échalotes, hachez-les menu, mêlez-les avec une cuillerée de jus de veau, un demi-setier et demi de vinaigre, la moitié d'un anchois écrasée dans un tamis fin, un peu de poivre de Cayenne, et du sel. Si vous voulez vous en servir pour du gibier chaud, servez-la bien chaudement ; si avec du gibier froid, elle doit être froide aussi.

Autre manière.
(Another way.)

Mettez un morceau de beurre gros comme la moitié

d'un œuf dans un poêlon avec deux ou trois gros ognons coupés par tranches, un peu de l'extérieur rouge de carottes, et de l'extérieur de panais, une gousse d'ail, deux échalotes, deux clous de girofle, une feuille de laurier, du thym, et du basilic. Secouez le tout sur le feu jusqu'à ce qu'il commence à prendre couleur, puis ajoutez-y une bonne pincée de farine, un verre à queue de bon vin rouge, un verre d'eau et une cuillerée de vinaigre, et faites bouillir pendant une demi-heure. Dégraissez, passez la sauce, mettez-y du poivre et du sel, et servez avec quoi que ce soit qui demande une sauce piquante.

Sauce aux ognons.
(Onion sauce.)

Faites cuire à l'eau des ognons, écrasez-les dans un tamis de crin; ajoutez-y un peu de beurre frais, de farine, de crème et de sel, et faites étuver pendant cinq minutes.

Sauce au pain.
(Bread sauce.)

Faites bouillir un ognon dans un peu d'eau avec du poivre entier, jusqu'à ce qu'il soit bien tendre; versez cela sur quelques tranches de pain mollet, et laissez reposer un peu. Versez-y un demi-setier de lait bien chaud; lorsqu'il est froid, écrasez-le fin, mettez-le dans un poêlon, chauffez sur le feu, et servez.

Sauce blanche au céleri.
(Celery sauce white.)

Prenez des pieds de céleri, parez-les à la longueur de trois pouces; lavez et faites-les blanchir; égouttez-les jus-

qu'à ce qu'ils soient secs ; ajoutez-y un peu de bouillon ;
faites bouillir jusqu'à ce que le jus soit presque réduit,
et le céleri presque cuit. Ajoutez-y du jus blanc, deux
jaunes d'œufs et de la crème, cinq minutes avant de servir.

Sauce rousse au céleri.
(Célery sauce, brown.)

Apprêtez des pieds de céleri comme dans l'article précédent en y ajoutant un jus roux en place du blanc, et
en omettant les œufs et la crème.

Sauce blanche aux champignons.
(Mushroom sauce white.)

Prenez une chopine de champignons, lavez et épluchez-les bien ; mettez-les dans une casserole, avec un
peu de sel et de muscade, un gros de macis, une chopine de crème, et un morceau de beurre roulé dans de la
farine. Faites bouillir tout cela ensemble, en remuant
toujours. Versez cette sauce dans le plat où vous allez
dresser votre viande, au moment de servir.

Sauce rousse aux champignons.
(Mushroom sauce brown.)

Comme la sauce blanche ; seulement servez-vous de
jus en place de crème.

Sauce pour les cailles rôties, ou autres petits oiseaux.
(Sauce for roasted quails, or other small birds.)

Hachez deux ou trois échalotes, et faites-les bouillir
pendant quelques minutes dans un demi-setier d'eau et
un poisson de vinaigre. Ajoutez-y un poisson de bon jus
et un morceau de beurre roulé dans de la farine. Secouez

sur le feu jusqu'à ce qu'elle soit liée, puis servez dans le plat avec les oiseaux.

Sauce tomate.
(Tomata sauce.)

Faites cuire au four des tomates mûres jusqu'à ce qu'elles soient bien tendres; retirez la pulpe avec une cuiller à café, et écrasez-la dans un tamis. Ajoutez à cette pulpe suffisamment de vinaigre du Chili pour en réduire modérément la consistance, et du sel, à votre goût. Pour chaque pinte de purée prenez une once d'échalote et une demi-once d'ail, coupées par tranches minces. Faites bouillir ce mélange pendant un quart d'heure, en écumant avec soin. Passez-le, après avoir sorti l'ail et léchalote. Laissez rafraîchir, mettez en bouteilles de grès, et ne les bouchez que quelques jours après. Si la sauce travaille, ajoutez-y encore du sel, et faites encore bouillir. Elle doit avoir la consistance d'une bonne crème.

CHAPITRE XIII.

PRÉPARATIONS DIVERSES.
(*MISCELLANEOUS ARTICLES.*)

Boulettes pour les ragoûts, etc.
(Forcemeat balls for ragouts, etc.)

Pilez dans un mortier de marbre du veau maigre et de la graisse de bœuf, avec des fines herbes, du persil, des échalotes, de la mie de pain émiettée, du poivre, du sel, et un peu muscade râpée. Faites-en des boulettes avec du jaune d'œuf, et faites bouillir ou frire légèrement avant de les ajouter à quelque préparation.

Boulettes, ou farce pour dindons, volailles, pâtés, etc.
(Forcemeat for turkeys, fowls, pies, etc.)

Prenez du veau maigre, du jambon, du persil, du thym, des échalotes, un peu de poivre et des quatre épices broyés, quelques beaux champignons, ou un peu de poudre de champignons (voyez l'article), du sel, et du jus de citron, et faites-les cuire à très-petit feu, en remuant souvent la poêle, jusqu'à deux tiers de cuisson. Pelez très-fin dans un mortier de marbre, et ajoutez-y de la mie de pain émiettée et du jaune d'œuf, pour en faire des boulettes ou une farce.

Boulettes d'œufs.
(Egg balls.)

Prenez autant d'œufs durs qu'il vous en faudra ; pilez-en les jaunes dans un mortier de marbre, avec un peu de farine et de sel ; ajoutez-y suffisamment de jaunes d'œufs crus pour en faire des boulettes, et faites-les bouillir avant de les mettre dans des soupes ou autres préparations.

Farce pour le veau, les dindons, les lièvres, etc.
(Stuffing for veal, turkies, hares, etc.)

Prenez du pain râpé et de la graisse de bœuf crue hachée très-menu, en quantités égales, du persil et des fines herbes hachés menu, un anchois haché, de la muscade, du poivre, du sel, et un peu d'écorce de citron râpée. Mêlez bien ensemble avec des œufs crus ou du lait.

Persil frit.
(To fry parsley.)

Choisissez votre persil beau et frais, épluchez et lavez-le, puis séchez-le dans un linge. Ayez du saindoux tout prêt dans une poêle à frire. mettez-y le persil lorsqu'il est bouillant, remuez-le avec une écumoire ; et lorsqu'il est assez croquant, sortez-le, mettez-le sur un égouttoir, et semez-y un peu de sel.

Miettes de pain frites.
(To fry bread crums.)

Râpez et passez au gros tamis la quantité suffisante de miettes de pain. Mettez une poêle à frire très-propre

dessus le feu, mais à une assez grande distance; mettez-
y les miettes, avec un morceau de beurre frais, et
remuez-les avec une cuiller de bois jusqu'à ce qu'elles
soient d'une belle couleur.

Manière de sécher les morilles et les champignons.
(To dry morels et mushrooms.)

Les grosses morilles et les gros champignons sont les
meilleurs pour sécher. Prenez-les fraîchement cueillis,
enlevez-en les tiges, lavez-les très-bien, et séchez-les
dans un linge. Enfilez-les avec de la ficelle mince; sus-
pendez-les dans un endroit chaud et sec; et lorsqu'ils sont
bien séchés, gardez-les dans des sacs de papier ou
dans des boîtes bien fermées. Lorsque vous voulez vous
en servir, trempez-les dans de l'eau modérément chaude
pendant une demi-heure, et servez vous-en de la même
manière que s'ils étaient frais.

Beurre fondu.
(To clarify butter for potting.)

Le beurre doit être frais. Mettez-en dans une casserole,
avec un peu d'eau, seulement pour en couvrir le fond.
Mettez-le sur un petit feu jusqu'à ce qu'il soit en huile;
écumez-le, laissez reposer jusqu'à ce que son dépôt
soit tombé au fond, puis versez avec soin dans des pots
de grès.

Poudre de champignons.
(Mushroom powder.)

Prenez un quart de bons champignons gros et frais;
nettoyez-les bien avec de la flanelle sèche, et ratissez-
en le dessous; mettez les champignons dans une casse-

role, sans eau, avec trois ou quatre petits ognons, des clous de girofle, un quart d'once de macis et une once de poivre blanc; le tout broyé : mettez-les sur le feu; faites mijoter, et secouez jusqu'à ce que tout le jus soit réduit, mais ayez soin qu'ils ne brûlent pas. Mettez-les sur des assiettes à jour ou des tamis de fil-de-fer dans un four faiblement chauffé, jusqu'à ce qu'ils soient en état d'être réduits en poudre; gardez cette poudre dans de petites bouteilles; bouchez bien; attachez un morceau de peau dessus, et mettez-les dans un endroit sec.

Il suffit d'une cuillerée à café pour donner un goût à de la soupe, des coulis ou des sauces; ajoutez-la au moment où vous allez servir, en faisant bouillir un instant après que vous l'aurez mise dans la préparation.

Manière de faire la moutarde, à la lady Holmeby.
(To make mustard, lady Holmeby's way.)

Prenez de la meilleure graine de moutarde; faites-la sécher dans un four faiblement chauffé; faites-en une poudre très-fine; broyez et passez-la par un tamis très-fin; mêlez-la avec du vin de liqueur, en remuant bien pendant long-temps, en quantité suffisante pour lui donner la consistance convenable. Pour une chopine de moutarde, prenez cinq ou six cuillerées, ou davantage, de sucre en poudre, et mêlez le tout bien ensemble. Il y a des personnes qui y ajoutent une très-petite quantité de bon vinaigre.

CHAPITRE XIV.
MANIÈRE

DE FAIRE LES MARINADES.
(*PICKLES.*)

Noix noires marinées.
(To pickle walnuts black.)

Prenez des noix peu de temps avant que le bois commence à se former ; mettez-les dans un mélange d'eau et de sel ; laissez-les-y pendant deux jours ; ensuite mettez-les pendant deux autres jours dans de l'eau fraîche, puis mettez-les encore pendant trois jours dans de nouvelle eau, puis sortez-les de l'eau et mettez-les dans un pot de grès. Sur un cent de noix, mettez-y un demi-setier de graine de moutarde, trois quarts d'once de poivre noir, autant des quatre-épices, et six feuilles de laurier. Lorsque le pot est plein à moitié, jetez-y un gros ognon piqué de clous de girofle et un raifort ; mettez-y le reste de vos noix, et remplissez de vinaigre bouillant.

Noix vertes marinées.
(To pickle walnuts green.)

Prenez des noix avant que le bois commence à se former ; mettez-les dans un pot profond ; versez-y assez de vinaigre pour les couvrir, et mettez quelque chose

par-dessus les noix pour qu'elles soient toujours submer-
gées ; changez le vinaigre tous les quinze jours pendant
six semaines : au bout de ce temps, prenez huit pintes du
meilleur vinaigre ; mettez-y une once de graines d'anet
concassées , une poignée de sel, trois onces de gingembre coupé par tranches, une once de macis, deux onces
de muscade et deux onces de poivre ; concassez les épices , et faites-leur donner un bouillon dans le vinaigre ;
puis mettez les noix dans un pot de faïence qui ait été
assaisonné de vinaigre ou de marinade ; versez dessus le
vinaigre tout bouillant, et fermez hermétiquement pour
retenir la vapeur. Lorsqu'elles sont refroidies, mettez-
les dans des petits pots de grès, et au milieu de chaque pot, mettez une grosse gousse d'ail piquée de clous
de girofle, et semez-y une cuillerée de graine de moutarde concassées ; mettez-y les épices, les graines d'anet
et le vinaigre, et mettez des feuilles de vigne par-dessus.
Ayez soin de ne pas toucher les noix avec les doigts,
de peur qu'elles ne deviennent noires ; servez-vous
d'une cuillère de bois , et fermez l'orifice du pot avec du
parchemin. Il faut que les noix soient entièrement cou-
vertes du vinaigre.

Chou rouge mariné.
(To pickle red cabbage.)

Suspendez vos choux dans la cuisine pendant quatre
jours, les culs en dessus, pour qu'ils soient séchés ,
puis coupez-les par tranches minces ; mettez-les par
couches dans un pot de grès, d'abord une couche de
chou , puis un peu de sel, du poivre entier, des quatre
épices. du gingembre , puis encore une couche de chou,

et ainsi alternativement jusqu'à ce que le pot soit rempli ; versez du vinaigre par-dessus, autant que le pot en contiendra, et fermez l'orifice avec du parchemin.

Choux blancs marinés.
(To pickle white cabbage.)

Prenez des choux blancs fermes : coupez-les par tranches minces, et mettez-les dans une terrine ; semez du sel fin par-dessus, et laissez-les reposer pendant deux jours ; puis égouttez-les et mettez-les dans un pot de grès, avec du macis et du poivre blanc ; remplissez le pot de vinaigre et d'un peu de vin blanc d'Espagne.

Sour-crout.
(Sour krout.)

Prenez des choux qui soient à leur maturité, et bien fermes et bien serrés ; coupez-les par tranches d'environ un pouce d'épaisseur, en les ouvrant un peu afin qu'ils puissent mieux recevoir le sel ; frottez-les de beaucoup de sel, puis mettez-les dans une grande terrine, et semez-y encore du sel ; laissez-les-y séjourner pendant vingt-quatre heures, en les retournant quatre ou cinq fois dans cet intervalle, afin que toutes leurs parties puissent imbiber également le sel ; le lendemain, mettez-les dans une cuve ou un grand vase, en les pressant bien serré, puis versez dessus une marinade composée d'une chopine de sel pour une pinte d'eau. Il faut la verser bouillante, et le chou doit en être entièrement couvert ; laissez reposer vingt-quatre heures, au bout duquel temps le chou sera rétréci de près d'un tiers, puis sortez-le de la marinade ; mettez-le dans une cuve ou un vase propre, en le pressant serré comme auparavant, et versez dessus une marinade composée comme il suit : pour une pinte de la marinade d'eau et de sel dont vous vous êtes servi la veille, prenez trois pintes de vinaigre, quatre onces des quatre épices, et deux onces de carvi : il faut la verser froide et en couvrir entièrement le chou ; laissez reposer pendant un jour, légèrement fermé, puis fermez hermétiquement.

Concombres, cornichons, et haricots verts marinés.
(To pickle cucumbers, gherkins and french beans.)

Essuyez-les bien avec un linge, puis mettez-les dans un pot de grès, et versez dessus du vinaigre bouillant avec une poignée de sel. Trois jours après, retirez le vinaigre, faites-le bouillir, et versez-le encore sur vos concombres, etc. ; répétez cela tous les trois jours jusqu'à ce qu'ils deviennent verts, puis ajoutez-y du gingembre et du poivre, et fermez l'orifice du pot avec du parchemin.

Concombres en mangous.
(To make mangoes of cucumbers.)

Prenez des concombres bien gros, enlevez-leur une tranche sur le côté pour en retirer les graines ; essuyez-les proprement avec un linge ; remplissez-les de graine de moutarde, de poivre entier, d'ail, d'échalotes, et d'une petite quantité de raifort coupé par tranches : ensuite, remettez à sa place la tranche que vous avez retirée à vos concombres ; liez-les serré avec de la ficelle, mettez-les dans un pot de grès, et versez du vinaigre bouillant par-dessus, avec du gingembre et une poignée de sel. Il faut retirer le vinaigre tous les trois jours, le faire bouillir, et le verser bouillant sur les concombres jusqu'à ce qu'ils deviennent verts ; lorsqu'ils sont assez verts, faites bouillir du vinaigre de groseilles à maquereau, versez-le pardessus, et fermez bien l'orifice du vase avec un parchemin et une peau, aussitôt que le vinaigre est froid.

Melons en mangous.
(To make mangoes of melons.)

Prenez six melons, enlevez à chacun une tranche, et retirez les graines et la pulpe avec une videlle ; mettez-les dans une casserole étamée, avec une petite poignée de sel, et de l'eau autant qu'il en faut pour les couvrir, et faites-les bouillir sur un feu vif : lorsqu'ils bouillent, retirez-les du feu, mettez-les dans une terrine avec leur eau, et laissez-les reposer jusqu'au lendemain. Puis sortez les melons, et séchez-les, en les essuyant avec un linge, tant à l'intérieur qu'à l'extérieur. Mettez dans chacun deux petites gousses d'ail, un petit morceau de gingembre, et autant de graines de moutarde broyées qu'il en faut pour les remplir ; remettez à leur place les tranches que vous leur avez enlevées, et liez avec une ficelle. Faites bouillir pendant un peu de temps des clous de girofle, du macis, du gingembre, du poivre et des graines de moutarde, le tout broyé, et de l'ail, dans suffisamment de vinaigre pour les couvrir, puis versez le tout bouillant sur les melons. Il faut qu'ils en soient entièrement couverts, et lorsqu'ils sont refroidis, fermez bien avec un morceau de vessie et de peau. Il ne faut pas vous en servir avant trois ou quatre mois ; ils se garderont pendant deux ou trois ans.

Asperges marinées.
(To pickle asparagus.)

Coupez tout le blanc à vos asperges, et mettez-les dans une terrine; composez une saumure d'eau et de sel, assez forte pour soulever un œuf; versez-la toute bouillante sur les asperges, et fermez hermétiquement. Lorsque vous voulez vous en servir, faites-les séjourner pendant deux heures dans de l'eau froide, puis faites-les bouillir, et servez-les sur une rôtie, avec de la sauce blanche par-dessus. Si c'est en marinade que vous voulez vous en servir, faites-les bouillir en les sortant de la saumure, et mettez-les dans du vinaigre.

Boutons de capucines marinés.
(To pickle nasturtium buds.)

Cueillez vos boutons lorsqu'ils sont assez gros, mais avant qu'ils ne deviennent durs. Faites bouillir du bon vinaigre de vin blanc avec des épices, à votre fantaisie, et versez tout bouillant par-dessus les boutons. Gardez-les dans une bouteille bien fermée. Vous pouvez vous en servir dans huit ou dix jours.

Ognons marinés.
(Pickled onions.)

Pelez de petits ognons, et mettez-les pendant un jour dans de l'eau et du sel, en les changeant d'eau une fois dans cet intervalle. Séchez-les dans un linge, puis prenez du bon vin blanc, du macis, un peu de poivre, des clous de girofle, et du vinaigre; versez cette marinade sur les ognons, après l'avoir fait bouillir; lorsqu'elle est rafraîchie, fermez bien avec une vessie.

Marinade à l'indienne.
(India pickle.)

Pour quatre pintes de vinaigre froid prenez deux onces de curcuma, et une demi-once de poivre de Cayenne. Mettez dans cette marinade tout ce que vous voudrez, choux-fleurs, choux, citrons, cornichons, gros concombres coupés par le milieu et dont vous ôterez les graines, petits melons verts, cosses de radis, boutons de capucines, etc. Il faut préparer de la manière suivante les choux-fleurs, les choux et les citrons, avant de les mettre dans des pots de grès. Enlevez le zeste des citrons, coupez-les par quartiers, pressez-les doucement pour en exprimer le jus, et retirez-en les graines ; il n'y a pas besoin de les mettre tout-à-fait à sec, et il ne faut pas en retirer la pulpe. Coupez les choux-fleurs et les choux par morceaux, puis mettez-les dans un plat de faïence, pas trop entassés, et semez-y une bonne poignée de sel ; tous les trois ou quatre jours vous verserez le jus qui en égouttera, et vous y semerez de nouveau sel. Au bout de trois ou quatre jours il faut les étaler dans un plat et les mettre au soleil, ou devant le feu, jusqu'à ce qu'ils soient tout-à-fait desséchés. Pour les autres choses que vous voudrez mariner, elle ne demandent pas de préparation, si ce n'est de les essuyer avec un linge sec. Lorsque tout est préparé, mettez ce que vous voulez mariner dans des pots de grès, en y semant des graines de moutarde, quelques gousses d'ail, du raifort coupé par tranches, du gingembre concassé, et quelques clous de girofle. Lorsque les pots sont remplis, versez-y le vinaigre, etc. Vous pouvez renouveler votre marinade quand vous voudrez ; elle ne se gâte jamais, et elle est meilleure après avoir été gardée pendant quelque temps. Lorsque vous voulez y ajouter du nouveau vinaigre, il faut aussi y ajouter du curcuma, du poivre de Cayenne, etc. , dans les mêmes proportions.

Champignons blancs marinés.
(To pickle mushrooms white.)

Coupez les queues de quelques petits champignons, lavez-les deux ou trois fois dans de l'eau, avec un morceau de flanelle. Faites bouillir de l'eau avec une poignée de sel dans une casserole ; lorsqu'elle bout, mettez-y les champignons ; faites-les bouillir pendant trois ou quatre minutes, puis retirez-les du feu, couchez-les de suite sur un gros linge, et couvrez-les avec un autre ; mettez-les dans des bouteilles à grand trou, et à mesure que vous les y mettez, ajoutez-y, d'espace en espace, un ou deux gros de macis, et de la muscade coupée par tranches ; puis remplissez les bouteilles de vinaigre distillé. Versez par-dessus un peu de graisse de mouton fondue et égouttée ; elle les conservera aussi bien ou mieux que l'huile.

Champignons bruns marinés.
(To pickle mushrooms brown.)

Essuyez quelques petits champignons très-proprement avec un linge légèrement mouillé, mais ne les lavez pas ; jetez-les dans une casserole avec du sel, et laissez-les étuver pendant deux ou trois minutes dans leur propre jus, en secouant souvent la casserole pour qu'ils ne brûlent pas. Ajoutez-y du vinaigre, du poivre entier, des clous de girofle, du macis, des quatre-épices, des

échalotes et du gingembre coupé par tranches; laissez-les bouillir encore sept ou huit minutes, puis mettez-les dans des pots ou des bouteilles; lorsqu'ils sont
refroidis, fermez bien avec une vessie et une peau. Si
après quelque temps ils commencent à moisir, faites-
leur donner un nouveau bouillon; ils se garderont très-
bien pendant deux ans.

*Crête marine, boutons de bruyère, pois, pourpier, et
autres choses de ce genre, marinés.*
(To pickle samphire, broom-buds, peas, purslain, and other
things of the same kind.)

Prenez de la crête marine, ôtez-en les feuilles mortes,
mettez-la dans un grand pot de grès, ou un petit tonneau, puis faites une forte saumure de sel blanc ou gris;
écumez-la bien pendant qu'elle bout; laissez-la refroidir;
versez-la sur la crête, et fermez. A mesure que vous
voulez vous en servir, faites bouillir de l'eau, puis mettez-y de votre crête. Laissez-la bouillir jusqu'à ce qu'elle
devienne verte, puis laissez-la rafraîchir; sortez-la de
l'eau, et mettez-la dans une bouteille à grand trou;
mettez-y du fort vinaigre de vin blanc, et fermez bien.

Betteraves marinées.
(To pickle beet-root.)

Faites bouillir vos betteraves jusqu'aux trois quarts
de cuisson, puis coupez-les par tranches d'un pouce
d'épaisseur; prenez suffisamment de vinaigre pour les
couvrir, et ajoutez-y des quatre épices, quelques clous
de girofle, un peu de macis, du poivre noir, du raifort
coupé par tranches, des ognons, des échalotes, un peu

de gingembre pilé, et du sel. Faites bouillir ces ingrédiens ensemble pendant vingt minutes, et lorsqu'ils sont
refroidis, ajoutez-y un peu de cochenille concassée;
mettez les betteraves dans des pots; versez la marinade
dessus, et fermez bien.

Manière de conserver les asperges pendant toute l'année.
(To keep asparagus all the year.)

Faites bouillir vos asperges à demi, mettez-les dans
un pot, et couvrez-les de beurre clarifié. Lorsque le
beurre est froid, couvrez l'orifice du pot. Au bout d'un
mois, mettez-y encore du beurre ; fermez avec une peau,
et mettez le pot sous terre.

CHAPITRE XV.

PRÉPARATION DES VINS FACTICES, etc.
(*MADE WINES, etc.*)

Vin de cerises.
(Cherry wine.)

Prenez vingt-quatre livres des meilleures cerises, qui soient à leur maturité; broyez-les bien, afin que tout leur jus soit exprimé. Si vous cassez aussi les noyaux, ils donneront au vin un amer agréable; laissez-les fermenter pendant douze heures, attendu que le vin prendra une couleur foncée pour avoir fermenté sur les peaux, puis passez le tout à la chausse, après avoir jeté dans votre vaisseau une livre de beau sucre passé au tamis; mettez en bouteille, en laissant l'intervalle d'un pouce entre les bouchons et le vin. Ce vin est très-agréable, et se gardera un an ou davantage. Cette quantité de cerises donnera plus de six pintes de vin.

Vin de gengembre.
(Ginger wine.)

Pour seize pintes d'eau, prenez seize livres de sucre et trois quarterons de gingembre concassé; faites bouillir ce mélange pendant une demi-heure, et écumez bien. Lorsqu'il est refroidi, ajoutez-y le jus et les zestes de trois citrons ; mettez le tout dans un tonneau avec une demi-once de colle de poisson que vous aurez fait fondre dans de l'eau , et trois cuillerées de bonne levure de bière ; laissez reposer pendant six mois , puis mettez en bouteilles , en ajoutant deux cuillerées d'eau-de-vie à chaque bouteille. Ce vin se gardera pendant plusieurs années.

Vin de primevère.
(Cowslip wine.)

Pour quarante pintes d'eau , prenez trente livres de sucre et dix blancs d'œufs bien battus ; faites bouillir ce mélange pendant une heure , en écumant bien à mesure , puis enlevez les zestes de dix citrons ; coupez-les par tranches , et versez le mélange tout bouillant dessus les citrons et les zestes. Lorsqu'il est refroidi , prenez les sept huitièmes d'un boisseau de fleurs fraîches de primevère (Si elles sont séchées, la moitié de cette dose suffira.), et trois cuillerées de levure épaisse de bière étendue sur une rôtie ; laissez-le fermenter pendant trois ou quatre jours , puis mettez le tout en tonneau. Il faut l'y laisser pendant neuf ou dix semaines avant de le mettre en bou-teilles.

Vin de groseilles ou de cassis.
(Currant wine.)

A chaque pinte de jus de groseilles rouges ou blan-ches, ajoutez trois pintes d'eau et trois livres et demie de sucre , ou quatre livres si vous devez garder long-temps le vin. Laissez ce mélange séjourner dans un vaisseau découvert pendant vingt-quatre heures , en le remuant fréquemment, puis mettez-y une rôtie enduite de levure de bière, et laissez le tout jusqu'à ce qu'il ait cessé de fermenter. Mettez-le en tonneau, et couvrez la bonde de papier jusqu'à ce qu'il n'y ait plus de signes de fermentation, puis bondonnez bien serré. Il faut le laisser reposer sept ou huit mois avant de le mettre en bouteilles. Vous donnerez au vin un goût agréable en mêlant un peu de framboises avec les groseilles. Vous ferez de cette même manière du vin de cassis, à l'exception que, pour en exprimer le jus, il faut les échauder. Si vous voulez que votre vin ait un goût semblable à celui de Frontignan, vous ajouterez aux autres ingrédiens des fleurs de sureau séchées.

Vin de groseilles à maquereau.
(Gooseberry wine.)

Cueillez vos groseilles à moitié mûres, écrasez-les bien, sans cependant écraser les pépins; à chaque livre de pulpe, ajoutez quatre pintes d'eau, et laissez reposer ce mélange dans un vaisseau couvert, dans un endroit frais pendant vingt-quatre heures; puis mettez-le dans une chausse de crin, exprimez tout le jus, et à chaque chopine de jus, ajoutez six onces de sucre, en remuant jusqu'à ce que le sucre soit fondu; puis mettez-le dans un tonneau bien sec, que vous placerez dans un endroit frais. Lorsqu'il aura cessé de fermenter, ce qui sera probablement dans trois ou quatre semaines, bondonnez bien serré; laissez-le pendant deux ou trois mois, puis mettez en bouteilles, et placez-les dans une cave fraiche.

Vin de framboises.
(Rasberry wine.)

Cueillez des framboises rouges lorsqu'elles sont presque mûres ; faites bouillir du sucre dans de l'eau, dans la proportion de six onces de sucre pour une pinte d'eau ; laissez refroidir ce mélange , puis jetez-y les framboises. Lorsqu'elles auront trempé pendant dix à douze heures , mettez-les dans une chausse de linge fin ; exprimez-en le jus que vous laisserez couler dans l'eau sucrée, puis faites bouillir le tout trois fois sur un feu doux, en écumant bien ; retirez-le du feu, laissez refroidir, et à mesure que l'écume se produit, enlevez-la, puis mettez votre vin dans un tonneau bien sec. Lorsqu'il aura bien fermenté et qu'il sera bien éclairci, mettez en bouteilles et placez-les dans un endroit frais.

Vin de sureau.
(Elder wine.)

Aussitôt que les baies de sureau sont mûres, cueillez-les et mettez-les dans un pot de grès ; faites mijoter au bain-marie jusqu'à ce que les baies crèvent ; pressez fortement le fruit dans un gros linge pour en exprimer le jus, puis versez ce jus dans une chaudière et faites-le bouillir ; à chaque pinte de jus, ajoutez une livre de sucre, et écumez souvent ; laissez-le refroidir, puis versez-le dans un tonneau, et mettez-y une rôtie enduite de levure de bière. Lorsqu'il a cessé de fermenter, bondonnez ; mettez en bouteilles après trois ou quatre mois.

Vin d'oranges.
(Orange wine.)

Faites un sirop de deux livres et demie de sucre sur quatre pintes d'eau, que vous clarifierez avec des blancs d'œufs bien battus ; faites bouillir et écumez tant qu'il s'élèvera de l'écume. Lorsqu'il est assez rafraîchi pour fermenter, ajoutez-y une once de sirop de citron et une cuillerée de levure de bière ; battez bien le sirop et la levure ensemble, et mettez-y la pelure et le jus de huit grosses oranges ; laissez fermenter pendant deux jours et une nuit ; puis mettez-le dans un tonneau, et lorsqu'il aura cessé de fermenter, bondonnez ; mettez en bouteilles après trois ou quatre mois.

Vin de raisins secs.
(Raisin wine.)

Prenez quatre pintes d'eau, sept livres de raisins secs, pesés, après que vous les aurez enlevés des tiges ; laissez-les ensemble dans un cuveau pendant quinze jours, en les remuant tous les jours ; puis retirez l'eau et mettez les raisins dans des chausses de crin, et pressez-les bien serré, pour en retirer toute la bonté. Mettez d'abord dans un tonneau le jus que vous venez d'exprimer, puis remplissez-le du liquide que vous leur aviez retiré avant de les presser ; à mesure que le vin fermente, remplissez de nouveau le tonneau, et lorsqu'il a cessé de fermenter, bondonnez bien serré ; laissez-le six mois avant de le mettre en bouteilles. Il faut encore six mois avant de vous en servir ; il est meilleur à proportion que vous le gardez. Il faut le faire avec des raisins de Malaga et de Smyrne, en quantités égales.

Liqueur de citrons.
(Liqueur of lemons.)

Pelez huit gros citrons ; coupez-les et exprimez leur jus ; faites tremper les écorces dans le jus, et ajoutez-y une pinte d'eau-de-vie; laissez reposer pendant trois jours dans un pot de grès fermé, puis pressez encore huit citrons, et mêlez avec leur jus cinq chopines d'eau et cinq livres de sucre; faites bouillir ce mélange avec les citrons que vous venez de presser, puis laissez-les rafraîchir; ajoutez-y les autres citrons et l'eau-de-vie, avec une pinte de vin blanc d'Espagne; passez le tout à la chausse, et laissez couler dans un tonneau. Laissez votre liqueur pendant trois mois, puis mettez-la en bouteilles, et bouchez bien; gardez-les dans un endroit frais. Il faut encore six semaines ou deux mois avant de vous en servir.

Punch à la duc de Norfolk.
(Duke of Norfolk's punch.)

Prenez six pintes d'eau et trois livres de sucre; clarifiez avec six blancs d'œufs; faites bouillir ce mélange pendant un quart d'heure, écumez bien, et laissez rafraîchir, puis ajoutez-y quatre pintes d'eau-de-vie, dans laquelle vous aurez fait tremper les écorces de six oranges et de six citrons pendant vingt-quatre heures; ajoutez-y le jus de vingt oranges et de six citrons, puis mettez votre punch dans un vaisseau d'une capacité proportionnée, car il faut qu'il soit entièrement plein : bouchez exactement, laissez pendant six semaines, puis mettez en bouteilles.

Punch à la royale.
(Punch royal.)

Prenez trente oranges amères et trente citrons en bon état; enlevez-en les zestes, et mettez ces zestes dans une terrine avec du rhum et de l'eau-de-vie suffisamment pour les couvrir; fermez la terrine; et laissez-les pendant quatre jours; prenez quarante pintes d'eau et douze livres de sucre, et faites bouillir ce mélange; lorsqu'il est presque refroidi, mettez-y trente blancs d'œufs bien battus, remuez-le et faites-le bouillir pendant un quart-d'heure, puis passez-le à travers un tamis de crin, en le laissant couler dans une terrine; laissez-le reposer jusqu'au lendemain, puis mettez-le dans un tonneau; passez la liqueur où trempent les zestes; ajoutez-y encore du rhum ou de l'eau-de-vie autant qu'il en faut pour porter la quantité à vingt pintes; versez cette liqueur dans le tonneau avec cinq pintes de jus d'oranges amères, et trois pintes de jus de citron; remuez le tout ensemble avec un bâton fendu, et répétez cela tous les jours pendant trois jours; puis bouchez le tonneau exactement, et dans six semaines votre punch sera bon à boire.

Punch au lait.
(Milk punch.)

Prenez dix pintes d'eau-de-vie, et mettez-y tremper pendant une nuit les zestes de quinze citrons et de quinze oranges, puis sortez les zestes; ajoutez à la liqueur le jus des citrons et des oranges, quinze pintes d'eau que vous aurez fait bouillir, mais qui soit refroidie, sept livres et demie de sucre, et un demi-setier de lait : que le tout soit bien mêlé; laissez rafraîchir, puis ajoutez-y une bouteille de rhum; mettez votre punch dans un tonneau d'une capacité proportionnée; bouchez exactement, et laissez pendant un mois ou six semaines.

Shrub.

Prenez quatre pintes et demie d'eau-de-vie ou de

rhum, une pinte de jus d'oranges et de citrons, la moitié de leurs zestes, et deux livres de sucre ; laissez reposer ce mélange pendant deux jours, puis versez-y un poisson de lait bouillant, et passez-le à la chausse de flanelle jusqu'à ce qu'il soit parfaitement éclairci.

Vinaigre de framboises.
(Rasberry vinegar.)

Versez une pinte du meilleur vinaigre de vin blanc sur deux livres de framboises qui ne soient pas tout-à-mûres ; laissez reposer pendant vingt-quatre heures ; puis passez la liqueur au tamis de crin, en ayant soin de ne pas écraser le fruit ; versez cette liqueur sur deux livres de nouvelles framboises, cueillies dans le même état que les premières ; laissez-la reposer pendant vingt-quatre heures, puis passez au tamis de mousseline, en ayant soin de ne pas écraser le fruit. A chaque chopine de liqueur, ajoutez une livre et demie du meilleur sucre ; échaudez-la au bain-marie jusqu'à ce que le sucre soit fondu, et lorsqu'elle est refroidie, écumez-la. Le lendemain, mettez votre vinaigre en bouteilles, et placez-les dans un endroit sec.

Orgeat.

Pour une livre d'amandes douces, prenez une once d'amandes amères ; faites-les blanchir et broyez-les très-fin dans un mortier de marbre. Mêlez-y petit à petit une chopine d'eau, puis passez la liqueur au tamis de mousseline, en en retirant autant que vous pourrez. Ajoutez encore de l'eau à votre liqueur, jusqu'à ce qu'elle soit convenablement délayée ; puis sucrez-la avec du capillaire, ou du bien beau sucre en poudre. Lorsque vous voulez vous en servir, il faut le remuer avant de le verser.

Limonade.

(Lemonade.)

Prenez deux pintes d'eau, mettez-y autant de jus de citrons qu'il en faut, un morceau de la pelure, du su-cre, à votre goût, et trois blancs d'œufs battus en neige. Vous pouvez y ajouter un jaune d'œuf, à votre volonté. Mettez votre limonade sur un feu clair; faites-la bouillir pendant cinq minutes; passez-la à la chausse, et servez-vous-en lorsqu'elle est refroidie.

On fait l'orangeade de la même manière.

CHAPITRE XVI.

BOUILLIES, etc. POUR LES PETITS ENFANS.
(*SPOON-MEATS FOR INFANS.*)

Manière de servir le lait aux petits enfans.
(Method of using milke.)

La meilleure manière de leur servir le lait est sans l'é-
crèmer, et sans le faire bouillir. Le crème est la partie
la plus nutritive et la plus balsamique du lait, et si vous
l'en retirez, vous rendez le lait moins nourrissant et
moins facile à digérer. Il y a des cas où l'on doit se servir de préférence de lait écrèmé, mais en général, le
lait nouvellement trait vaut mieux. Lorsque le lait a reposé assez de temps pour crèmer, il faut y mêler la
crème. Si vous le faites bouillir, vous le rendrez plus
difficile à digérer, et vous en changez les qualités ; il
faut le donner dans son état naturel, ou l'échauder seulement.

Bouillie aux œufs.
(Egg pap.)

Mettez une pinte d'eau sur un feu clair et vif ; mêlez
bien deux grandes cuillerées de bonne farine de froment
fraîchement moulue avec deux ou trois jaunes d'œufs
bien frais et bien battus, et un peu d'eau froide. Lors-

que l'eau est prête à bouillir, mais toujours avant qu'elle
ne bouille, mêlez-y le mélange en remuant, et remuez
toujours jusqu'à ce qu'il soit prêt à bouillir; il sera alors
assez épaissi. Retirez votre bouillie du feu, mettez-y un peu de sel; versez-la dans un bol, et laissez reposer jusqu'à ce qu'elle soit seulement chaude comme
du lait nouvellement trait.

Au défaut d'œufs, vous pouvez y substituer un petit
morceau de beurre que vous y mettrez en même temps
avec le sel, en remuant doucement jusqu'à ce qu'il soit
bien mêlé avec la bouillie, pour qu'il ne tourne pas en
huile; mais les œufs valent mieux.

Cette bouillie est nourrissante, purifiante et produit
du bon sang; elle est agréable au goût; elle conforte
l'estomac, et prévient les maladies flatuleuses et les co-
liques. C'est la meilleure de toutes les espèces de nourriture pour les petits enfans, après le lait de femme;
elle vaut même mieux que le lait de celles qui sont ma-
ladives, ou qui se nourrissent inconvenablement : mais
il ne faut pas y mêler d'autres ingrédiens, tels que du
sucre, des épices, des fruits, etc., car cela altérera sa
nature et son opération.

Il faut avoir soin de faire cette espèce de bouillie,
ainsi que toutes les autres, plutôt déliée qu'épaisse.

Les mets que prennent les petits enfans ne doivent
être que tièdes; un plus grand degré de chaleur leur est
nuisible. La seule manière convenable de rafraîchir
leurs mets, c'est de les laisser découverts, car en les
remuant beaucoup, vous les altérez. Nous avons dit
découverts, non-seulement parce que le mets est plus tôt
rafraîchi, mais aussi parce que, étant fermé, la fumée

qui devrait s'évaporer est resserrée, et la nourriture en est moins pure.

Bouillie à la farine.
(Flour pap.)

Prenez du lait trait de cinq à six heures; ajoutez-y de l'eau en quantité égale à celle d'un tiers de celle du lait, et mettez-le sur un feu vif et clair; faites une pâte liquide avec de la farine de froment et du lait ou de l'eau, et lorsque le mélange d'eau et de lait est prêt à bouillir, mais avant qu'il ne bouille versez-y la pâte et remuez pendant un peu de temps. Lorsque le tout est encore prêt à bouillir, retirez-le du feu, ajoutez-y un peu de sel, et mettez-le rafraîchir.

Une bonne cuillerée de farine suffit pour épaissir une chopine de lait et d'eau.

Cette bouillie aussi est bien nourrissànte.

Bouillie à la farine d'avoine.
(Oatmeal pap.)

Prenez une chopine de lait et d'eau dans la proportion de deux tiers de lait pour un tiers d'eau, et délayez-y une grande cuillerée de farine d'avoine; mettez ce mélange dans un poêlon sur un feu clair et vif, et lorsqu'il enfle comme s'il allait bouillir, retirez-le du feu, et transvasez-le sept ou huit fois d'un bol dans un autre, ce qui fera incorporer les parties les plus fines de la farine avec le lait; remettez-le dans le poêlon et sur le feu, et lorsqu'il est encore prêt à bouillir, retirez-le du feu et laissez-le reposer dans le poêlon un peu de temps pour qu'il dépose les parties grossières de la farine, puis transvasez le dans un bol ; ajoutez-y un peu de sel, et laissez rafraîchir.

Celle-ci est aussi une excellente bouillie, très-propre pour des estomacs un peu faibles, attendu qu'elle est nourrissante et très-facile à digérer.

Bouillie au pain.
(Bread pap.)

Versez de l'eau bouillante sur quelques tranches minces de bon pain blanc, et laissez rafraîchir découvert, puis égouttez, broyez bien le pain, et mêlez-le avec autant de lait nouvellement trait qu'il en faut pour en faire une bouillie d'une consistance convenable. Elle sera assez chaude sans la mettre sur le feu.

On met ordinairement du sucre dans cette bouillie, mais elle vaut mieux sans le sucre, ainsi que presque tous les mets pour les enfans.

Eau de gruau.
(Water gruel.)

Prenez une cuillerée et demie de farine d'avoine fraîchement moulue, délayez-y petit à petit une pinte d'eau, et mettez sur un feu clair. Lorsque ce mélange enfle comme s'il allait bouillir, retirez-le du feu et transvasez-le d'un bol dans un autre cinq ou six fois, puis remettez-le sur le feu jusqu'à ce qu'il soit prêt à bouillir, mais ne le laissez pas bouillir ; retirez-le du feu, et laissez-le reposer un peu dans le poêlon, pour qu'il dépose les parties grossières de la farine, puis versez-le ; ajoutez-y un peu de sel, et laissez rafraîchir.

On croit généralement que l'eau de gruau n'est pas

nourrissante : elle est, au contraire, nourrissante et purifiante, quoique légère, et bonne pour des personnes
de tout âge, tant en santé qu'en maladie.

Bouillie au lait.
(Milk porridge.)

Faites de l'eau de gruau comme dans l'article précédent, et lorsqu'elle est un peu rafraîchie, ajoutez-y du
lait nouvellement trait, dans la proportion d'un tiers de
lait pour deux tiers d'eau de gruau. Vous pouvez y ajouter du sel, à votre volonté.

Cette bouillie est très-purifiante et facile à digérer,
et l'estomac le plus faible s'en trouvera bien.

Autre manière.
(Another way.)

Prenez trois grandes cuillerées de farine d'avoine frai-
chement moulue ; délayez-y une chopine d'eau ; laissez
reposer ce mélange jusqu'à ce qu'il éclaircisse, puis retirez l'eau ; ajoutez-y une chopine de nouvelle eau à la
farine, remuez bien, et laissez reposer jusqu'au lendemain ; égouttez le liquide à travers un tamis fin, et
mettez-le dans un poêlon sur un feu clair et vif ; ajoutez-y du lait dans la proportion d'un tiers, en le délayant petit à petit dans le poêlon pendant qu'il est sur
le feu, et lorsque votre soupe est sur le point de bouillir,
retirez-la du feu, versez-la dans un bol, et laissez-la
reposer pour rafraîchir. Vous pouvez y ajouter un peu
de sel.

Cette soupe, ainsi que la précédente, est très-légère,
et bonne pour les estomacs faibles.

Bouillie à la racine de flèches d'eau.
(To prepare indian arrow-root.)

Mettez dans un bol plein une cuiller à dessert de poudre de racines de flèches d'eau, et mêlez-y assez de lait nouvellement trait pour en faire une pâte. Versez dessus un demi-setier de lait bien chaud, en remuant vivement pour que le mélange soit bien mêlé. Mettez-le sur le feu jusqu'à ce qu'il soit prêt à bouillir, puis versez dans un bol, et laissez rafraîchir.

Il faut avoir soin de se procurer la véritable racine, qui est une excellente nourriture pour les petits enfans.

Gelée de sagou.
(Sago jelly.)

Faites tremper une grande cuillerée de sagou dans de l'eau froide pendant une demi-heure, puis retirez l'eau; ajoutez au sagou une chopine de nouvelle eau, et faites étuver doucement jusqu'à ce que l'eau soit réduite à moitié, puis versez dans un bol, et laissez rafraîchir.

Sagou au lait.
(Sago with milk.)

Faites tremper une grande cuillerée de sagou dans de l'eau froide, pendant une heure, puis retirez l'eau, et mettez à sa place une chopine et demie de lait nouvellement trait. Faites étuver doucement jusqu'à ce que le lait soit réduit à moitié, versez dans un bol, et laissez rafraîchir.

Gelée de Tapioca.
(Tapioca jelly.)

Lavez deux grandes cuillerées de tapioca de la grosse

espèce dans de l'eau froide, puis faites-le tremper dans une chopine et demie d'eau pendant quatre heures. Faites étuver à petit feu dans la même eau, jusqu'à ce que votre gelée soit bien claire; versez dans un bol, laissez rafraîchir, et si vous voulez, ajoutez-y un peu de lait nouvellement trait.

Eau d'orge.
(Barley gruel.)

Lavez bien deux onces d'orge perlé, et mettez-les dans une pinte d'eau. Faites mijoter jusqu'à ce que l'eau soit réduite à moitié; passez et laissez rafraîchir.

Riz au lait.
(Rice gruel.)

Faites tremper deux grandes cuillerées de riz dans de l'eau froide pendant une heure. Retirez l'eau, et mettez à sa place une chopine et quart de lait nouvellement trait; faites étuver à petit feu jusqu'à ce que le riz soit assez tendre pour l'écraser dans un tamis, puis mêlez la purée avec le lait. Faites mijoter pendant dix minutes, et si votre mélange est trop épais, ajoutez-y encore un peu de lait, petit à petit, de manière à ce qu'il ne cesse pas de mijoter; versez dans un bol pour rafraîchir.

Autre manière.
(Rice milke.)

Prenez quatre grandes cuillerées de riz, lavez-le bien dans de l'eau froide; ajoutez-y une pinte de lait nouvellement trait, et faites étuver à très-petit feu, pendant trois heures. Laissez rafraîchir dans un bol.

Farine de riz , au lait.
(Ground rice milk.)

Mêlez bien une grande cuillerée de farine de riz avec deux ou trois cuillerées de lait nouvellement trait. Mettez sur le feu une chopine de lait nouvellement trait , et lorsqu'il est bien chaud, versez-y le mélange en remuant, et retenez-le sur le feu jusqu'à ce qu'il épaississe , mais il ne doit pas bouillir ; versez dans un bol pour rafraîchir.

Millet au lait.
(Millet milk.)

Lavez trois cuillerées de millet dans de l'eau froide , et mettez-y une pinte de lait nouvellement trait. Faites étuver à petit feu jusqu'à ce que le mélange soit modérement épais, puis versez dans un bol pour rafraîchir.

Les préparations qui demandent du temps pour la cuisson , demandent aussi d'être remuées pour qu'elles ne brûlent pas. Mais si vous les faites cuire doucement , et que votre poêlon ne touche pas le feu, il suffira de remuer de temps en temps.

CHAPITRE XVII.

BOISSONS POUR LES ENFANS..
(*DRINKS FOR CHILDREN.*)

Lait coupé.
(Milk and water.)

Prenez du lait nouvellement trait, en telle quantité que vous voudrez, et ajoutez-y le double de cette quantité d'eau. Il vaut mieux faire boire ce mélange froid, mais s'il faut qu'il soit un peu chaud, mettez de l'eau chaude avec du lait froid. Il ne faut le faire boire que tiède.

Petit-lait.
(Whey.)

Prenez une pinte de lait nouvellement trait, avant qu'il soit refroidi, et mettez-y de la presure suffisamment pour la faire cailler. Laissez reposer jusqu'à ce que le caillement soit bien opéré, puis passez le petit-lait à travers un linge à fromage, sans presser les mattes, afin qu'il soit plus clair. Vous pouvez le faire boire froid, ou bien tiède, en le plaçant un peu devant le feu.

Au défaut de lait nouvellement trait, il faut donner à votre lait le degré de chaleur de celui nouvellement trait.

Eau d'orge.
(Barley water.)

Lavez bien une poignée d'orge, et mettez-y trois chopines d'eau. Laissez mijoter doucement jusqu'à ce que
le mélange ait la consistance convenable.

Eau d'orge perlé.
(Pearl barley water.)

Mettez sur le feu une once d'orge perlé, dans un demi-
setier d'eau, jusqu'à ce qu'il soit bien chaud, pour le
nettoyer; retirez l'eau, et mettez à sa place une pinte
de nouvelle eau. Laissez mijoter pendant une heure. Si
le mélange est trop épais, ajoutez-y encore de l'eau un
peu chaude.

Eau de pommes.
(Apple water.)

Ayez deux ou trois bonnes pommes qui soient mûres ;
coupez-les par tranches, sans les peler ; mettez-les dans
un vase, et versez une pinte d'eau houillante par-dessus.

Eau de rôtie.
(Toast and water.)

Faites rôtir un morceau de pain blanc jusqu'à ce qu'il
soit bien sec, et d'une couleur très-foncée ; mettez-le
tout chaud dans un vase, et versez de l'eau froide par
dessus. Laissez reposer cette eau pendant une heure
avant de la faire boire.

Toutes ces préparations, tant les bouillies que les bois-
sons, perdent de leurs qualités si vous les gardez trop
long-temps : ainsi il ne faut pas en faire en trop grande

quantité. Lorsque vous les réchauffez, ne prenez que la quantité qu'il vous en faut, comme il n'y a rien qui ne perde de ses qualités, en étant souvent réchauffé.

Lorsque vous réchauffez quelque chose, il vaut mieux le mettre devant que sur le feu.

Le bain-marie est une très-bonne manière de réchauffer.

FIN.

TABLE DES MATIÈRES.

CHAPITRE PREMIER.

MANIÈRE DE FAIRE TOUTES SORTES DE BOUILLONS, JUS ET SOUPES.
(*BROTS, GRAVIES, AND SOUPS.*)

CHAPITRE II.

MANIÈRE DE FAIRE ROTIR LA GROSSE VIANDE, LA VOLAILLE, LE GIBIER, etc.

(*ROASTING JOINTS, POULTRY, GAME, etc.*)

Temps qu'il faut pour la cuisson de la grosse viande.
(*The time required for roasting.*)

CHAPITRE III.

MANIÈRE DE FAIRE BOUILLIR LA GROSSE VIANDE, LA VOLAILLE, LE GIBIER, etc.
BOILINGS JOINTS, FOWL, GAME, etc.)

Temps qu'il faut pour la cuisson de la grosse viande.

CHAPITRE IV.

MANIÈRE DE FAIRE LES GRILLADES, FRITURES, ÉTUVÉES, etc.
(*BOILING, FRYING, STEVING, etc.*)

CHAPITRE V.

DIFFÉRENTES MANIÈRES D'ACCOMMODER LE POISSON.

(*DIFFÉRENT WAYS OF DRESSING FISH.*)

POISSON GRILLÉ. — *TO BROIL FISH.*

POISSON FRIT. — *TO FRY FISH.*

POISSON A L'ÉTUVÉE, etc. — *TO STEW FISH*, etc.

CHAPITRE VI.

MANIÈRE D'APPRÊTER LES LÉGUMES.
(*VEGETABLES.*)

CHAPITRE VII.

MANIÈRE D'APPRÊTER TOUTES SORTES DE PUDDINGS, DUMPLINGS, CRÊPES ET BEIGNETS.
(PUDDINGS, DUMPLINGS, PANCAKES ET FRITTERS.)

CHAPITRE VIII.

MANIÈRE D'APPRÊTER TOUTES SORTES DE PUDDINGS ET DE PATÉS DE VIANDE.

(*MEAT, PUDDINGS, PIES, AND PARTIES*.)

CHAPITRE IX.

MANIÈRE DE FAIRE LES PATÉS DE FRUITS FRAIS ET DE CONFITURE.

(*FREST FRUIT AND SWEETMEAT PIES.*)

CHAPITRE XI.

MANIÈRE DE FAIRE TOUTES SORTES DE CONFITURES, CONSERVES, GELÉES, CRÈMES, TALMOUSES, FLANS, etc.

PRESERVES, JAMS, JELLIES, CREANS, CHEESE-CAKES, CUSTARDS, etc.

CHAPITRE XII.

MANIÈRE DE FAIRE TOUTES SORTES DE SAUCES.
(*SAUCES.*)

CHAPITRE XIII.

PRÉPARATIONS DIVERSES.
(*MISCELLANEOUS ARTICLES.*)

CHAPITRE XIV.

MANIÈRE DE FAIRE LES MARINADES. — *PICKLES*.

CHAPITRE XV.

PRÉPARATION DES VINS FACTICES, etc.
(*MADE WINES*, etc.)

CHAPITRE XVI.

BOUILLIES, etc. POUR LES PETITS ENFANS.
(SPOON-MEATS FOR INFANS.)

CHAPITRE XVII.

BOISSONS POUR LES ENFANS.
(DRINKS FOR CHILDREN.)

FIN DE LA TABLE DES MATIÈRES.

IMPRIMERIE DE FAIN, PLACE DE L'ODÉON.